EU・ドイツの会計制度改革
―― IAS/IFRS の承認と監視のメカニズム ――

佐 藤 誠 二 編著

東京 森山書店 発行

は　し　が　き

　いま，われわれが会計制度の改革を取り上げるとき，国際会計基準／国際財務報告基準（IAS/IFRS）を抜きには語れない。企業活動のグローバル化やIT技術の飛躍的発展を背景にして，国際化した資本市場に適用可能な会計基準の形成とそれにもとづく会計情報の開示に向けた会計改革が，IAS/IFRSに照準をあわせ世界各国で急テンポに展開している。本書は，そうした改革動向のなかで国際標準と位置づけられるIAS/IFRSの効力に強い影響を与えようとしている欧州連合（EU）とその主要構成国ドイツにおける資本市場指向の会計制度改革について検討したものである。
　EUは，「IAS適用命令（IAS-Verordnung）」を介して，域内諸ヵ国の会社会計法制を改正させ，欧州資本市場を利用する域内企業に対して，2005年1月からIAS/IFRSの適用を義務づけた。それと同時に，資本市場における開示制度については，発行・継続・臨時開示に関する「目論見書指令」，「透明性指令」，「市場濫用指令」の法的措置を講じて，2007年以降のIAS/IFRSにもとづく統一的開示を求めている。また，EUは欧州資本市場を利用する域外第三国企業に対しても，IAS/IFRSないしそれと同等の国内会計基準（GAAP）の適用（同等性の可否は2008年中に最終決定の予定）も求めており，欧州資本市場の活性化と欧州企業の競争力強化というEUの共通利害を前提に会計インフラの国際化戦略を推し進めている。
　資本市場指向の会計制度改革の波はEUだけにとどまらない。EUの会計国際化戦略に並行して，EUと対峙する資本市場を有するアメリカ，カナダにおいて，そして我が国，韓国，中国をはじめとするアジア諸国など，IAS/IFRSと国内会計基準との収斂が世界規模で推進されている。とくに，第一の会計先進国を自負するアメリカでは，財務会計基準審議会（FASB）が国際会計基準

審議会（IASB）とのあいだで US-GAAP と IAS/IFRS の世界二大会計基準の中長期的な収斂化に向けた「覚書：ノーウォーク合意」を 2002 年に取り交わし，さらに 2006 年 2 月には，証券取引委員会（SEC）が 2005 年に掲示した二大会計基準の収斂へのロードマップ（工程表）を 2008 年までに実施するという「覚書：MOU」を公表したことにより，IAS/IFRS を軸とした会計基準の国際的コンバージェンス（収斂化）の動きが一気に加速されている。

　本書の執筆者たちはこれまで，ドイツ会計の共同研究を通じて，ドイツ会計制度の改革の意義について，EU 会計統合戦略との関わりで検討してきており，その成果を『ドイツ会計の新展開』(1999 年，森山書店)，『会計制度の統合戦略』(2005 年，森山書店) として著してきた。本書はそうした共同研究の延長線上に位置するものであり，上述のような会計制度の国際的改革動向のなかで，とくに IAS/IFRS の適用問題に焦点づけて，EU とドイツにおける会計制度変革の内容を検討したものである。EU においては，IAS/IFRS の適用に際して，会計規制委員会（ARC）と欧州財務報告諮問グループ（EFRAG）による二重のエンドースメント（承認）・システムとエンフォースメント（実行・監視）・システムのメカニズムを構築し，この 2 つのシステムの構築を通じて，アングロサクソン型の IAS/IFRS を「EU 法の一部」に転化し適用するメカニズムを形成した。ドイツも，2004 年に「会計法改革法（BilReG）」と「会計統制法（BilKoG）」を成立させて，EU の IAS/IFRS 適用システムに適合する会計法改革を実現した。本書は，そうした EU とドイツを「全体と個」にみたて，その相互の関連性のなかで，IAS/IFRS のエンドースメントとエンフォースメントのシステムについて考察する。そして，その考察を通じて資本市場指向の会計制度改革が有する今日的意味を探求しようとするものである。

　もとより，EU の資本市場指向の会計改革はいまなお，継続している。同等性評価の決定や個別決算書の会計法規の整備等の残された課題の解消を含めて EU の会計改革の実現の目途は，目下のところ 2009 年とされている。本書はダイナミックに展開する EU とドイツの会計改革の流れを現時点で切り取って，その方向と問題について分析に努めたものであるが，会計改革の進展をい

ま暫くみながら結論を得るところも少なくないと思われる。それらを含めて残された課題については，読者諸兄姉のご批判，ご意見を得ながら，今後も引き続き研究に取り組んでいく所存である。

　本書を上梓するにあたって，多くの方々のご助言，ご協力を得た。まず，本書の基礎となったわれわれの共同研究の強力なメンバーとして，川口八洲雄教授（大阪産業大学）のお名前を挙げておかなければならない。今回，体調を崩され本書での執筆を断念されたが，本書には共同研究のなかでいただいた川口教授の知見が何らかの形で反映されている。川口教授の一日も早いご回復を心からお祈りしたい。また，加藤盛弘名誉教授（同志社大学）をはじめとする企業会計制度研究会に参加の諸先生にもお礼申し上げなければならない。諸先生方には，毎月，京都で開催される研究会において貴重なご意見やご示唆をいただいている。また，学術書出版の厳しい今日の状況にもかかわらず，本書の刊行をご快諾されただけでなく，編集者の立場からわれわれの共同研究に常日頃温かいご助言を賜っている森山書店の菅田直文社長ならびにスタッフの皆様に対して，感謝申し上げたい。

　なお，本書の出版に際して，独立行政法人日本学術振興会より平成19年度科学研究費補助金（研究成果公開促進費）の交付を得た。記して，感謝申し上げる。

2007年9月

編　著　者

執筆者紹介 (執筆順)

佐藤　誠二（さとう　せいじ）静岡大学教授　　序章，第1章，第5章，第6章
　主要業績：『会計国際化と資本市場統合』（単著，森山書店，2001年），『ドイツ会
　　　　　計規準の探究』（単著，森山書店，1998年），『現代会計の構図』（単著，
　　　　　森山書店，1993年），『会計制度の統合戦略』（共著，森山書店，2005
　　　　　年），『ドイツ会計の新展開』（共著，森山書店，1999年）

木下　勝一（きのした　かついち）新潟大学教授　　　　　　　　　第2章
　主要業績：『適用会計基準の選択行動』（単著，森山書店，2004年），『ドイツの連
　　　　　結納税』（単著，森山書店，1999年），『企業集団税制改革論』（単著，
　　　　　森山書店，1998年），『会計規準の形成』（単著，森山書店，1990年），
　　　　　『リース会計の論理』（単著，森山書店，1985年）

稲見　亨（いなみ　とおる）同志社大学教授　　　　　　　　　　　第3章
　主要業績：『ドイツ会計国際化論』（単著，森山書店，2004年），『会計制度の統合
　　　　　戦略』（共著，森山書店，2005年），『ドイツ連結会計論』（共訳，森山
　　　　　書店，2002年），『ドイツ会計の新展開』（共著，森山書店，1999年），
　　　　　『現代会計の理論』（共著，法律文化社，1995年）

佐藤　博明（さとう　ひろあき）静岡大学名誉教授　　　　　　　　第4章
　主要業績：『ドイツ連結会計論』（監訳，森山書店，2002年），『ドイツ会計の新展
　　　　　開』（編著，森山書店，1999年），『ドイツ会計制度』（単著，森山書店，
　　　　　1989年），『会計学の理論研究』（単著，中央経済社，1981年），『会計
　　　　　制度の統合戦略』（共著，森山書店，2005年）

目　　次

序　章　本書の目的と視点 …………………………………………………1

第1章　EU の会計統合戦略とドイツの対応 …………………………7
　　　　　― IAS/IFRS 適用に向けての会計基準の
　　　　　　コンバージェンス（収斂化）―

　　　　　は じ め に ……………………………………………………7
　　第1節　EU の金融市場統合に向けてのアクションプランと会計戦略構想…9
　　　（1）EU の金融市場統合に向けてのアクションプラン …………9
　　　（2）EU の会計統合戦略 ……………………………………………11
　　第2節　会計統合戦略のための EU 指令および命令 ………………13
　　　（1）公正価値指令 ……………………………………………………14
　　　（2）現代化指令 ………………………………………………………15
　　　（3）IAS 適用命令 ……………………………………………………16
　　　（4）目論見書指令 ……………………………………………………17
　　　（5）透明性指令 ………………………………………………………19
　　第3節　ドイツの EU 会計戦略への対応 ……………………………20
　　　　　　―ドイツ基準設定審議会（DSR）の公式意見を中心に―
　　　（1）EU の会計統合戦略についての対応 …………………………22
　　　（2）会計指令の修正についての対応 ………………………………25
　　　（3）IAS/IFRS 適用と EU 修正指令の国内法化について ………28
　　　　　お わ り に ……………………………………………………31

第2章　ドイツの会計制度改革と IAS/IFRS の導入 ………………37
　　　　　―会計法改革法と会計統制法の制定―

はじめに ………………………………………………………………… 37
第1節　ドイツ連邦政府の10項目プログラム ………………………… 39
第2節　ドイツのIAS/IFRS対応の会計制度改革 …………………… 43
　(1)　会計領域における改革 ……………………………………………… 43
　(2)　決算書監査領域における改革 ……………………………………… 50
　(3)　エンフォースメント領域における改革 …………………………… 55
第3節　商法会計規範の包括的・混成的システム構築 ……………… 60

第3章　EUにおけるIAS/IFRSの承認メカニズムとドイツの論点 ……………………………………………… 67
　　　　　―エンドースメントの側面―

　　　はじめに ………………………………………………………………… 67
第1節　EUの公的文書にみるIAS/IFRSの承認メカニズム ……… 68
　(1)　「会計領域の調和化：国際的調和化のための新戦略」(1995年) …… 68
　(2)　「金融サービス：行動大綱の策定」(1998年) …………………… 69
　(3)　「金融市場大綱の転換：行動計画」(1999年) …………………… 70
　(4)　「EUの会計戦略：将来の進路」(2000年) ……………………… 72
　(5)　IAS適用命令 (2002年) ………………………………………… 76
　(6)　IAS/IFRSの検証・承認手続き …………………………………… 80
第2節　EU域内適用のIAS/IFRSの法的側面　―ドイツの視点― ……… 83
　(1)　IAS/IFRSの解釈に対する裁判所の権限 ………………………… 84
　(2)　IAS/IFRSの解釈指針書 …………………………………………… 86
　(3)　シェーンの所説の要点 ……………………………………………… 87
　(4)　エンドースメントを経たIAS/IFRSの法的側面 ………………… 87
　(5)　エンドースメントを経たIAS/IFRSの解釈 ……………………… 88
　(6)　IAS/IFRSの解釈手段・原理 ……………………………………… 89
　(7)　IAS/IFRSの解釈部局としてのBaFin …………………………… 90

(8) キュティング／ランカーの所説の要点 …………………………………… 91
　　お わ り に ……………………………………………………………………… 91

第4章　EUとドイツにおける会計エンフォースメント ………… 97

　　は じ め に ……………………………………………………………………… 97
　第1節　コーポレート・ガバナンスの発展 ………………………………… 98
　　(1) EUにおけるコーポレート・ガバナンスの発展 ……………………… 98
　　(2) ドイツのコーポレート・ガバナンス改革 …………………………… 104
　第2節　CESRの「諮問書」とエンフォースメント原則 ………………… 108
　　(1) 2002年「諮問書・欧州における会計基準のエンフォースメント原則」
　　　　の概要 ………………………………………………………………… 109
　　(2) 「諮問書」に対するドイツ株式協会のコメント …………………… 114
　　(3) CESR「第1財務情報基準：エンフォースメント」………………… 117
　　(4) CESR「第2財務情報基準：エンフォースメント活動の協調」…… 120
　第3節　ドイツの会計エンフォースメント ………………………………… 123
　　(1) 「10項目プログラム・措置一覧」…………………………………… 123
　　(2) ドイツ型・2段階エンフォースメント ……………………………… 125
　　(3) 会計統制法（BilkoG）草案に対するドイツ株式協会の意見 ……… 132
　第4節　会計エンフォースメントの意味 …………………………………… 136
　　お わ り に ……………………………………………………………………… 139

第5章　IAS/IFRS適用と第三国会計基準
　　　　　に対する同等性評価 ……………………………………………… 145
　　　　―会計の2007年問題から2009年問題へ―

　　は じ め に ……………………………………………………………………… 145
　第1節　第三国会計基準に対する同等性評価へのEUの要請 …………… 146
　　(1) 同等性評価を巡る法的関係 …………………………………………… 146

(2) IAS 適用命令と同等性問題 ……………………………………………… *148*
　　(3) 目論見書指令と同等性評価 …………………………………………… *150*
　　(4) 透明性指令と同等性評価 ……………………………………………… *152*
　第 2 節　同等性評価に関する CESR の技術的助言 …………………… *154*
　　(1) CESR の同等性評価に関する概念書 ……………………………… *154*
　　(2) CESR の同等性評価に関する技術的助言書 ……………………… *158*
　第 3 節　EU の同等性評価の決定の延期 ………………………………… *162*
　　　　お　わ　り　に ……………………………………………………… *165*

第 6 章　IAS/IFRS 導入以降のドイツの会計改革課題 ……… *171*
　　　　―IAS/IFRS 適用が個別決算書に及ぼす影響―

　　　　は　じ　め　に ……………………………………………………… *171*
　第 1 節　会計法改革法（BilReG）による商法改正 …………………… *172*
　第 2 節　個別決算書への IAS/IFRS 適用の課題 ………………………… *175*
　　(1) 会社法の保障システムとの連携問題 ……………………………… *176*
　　(2) 税務決算書との連携（基準性原則）問題 ………………………… *177*
　　(3) IAS/IFRS 適用の個別決算書作成に対する経費問題 ……………… *178*
　第 3 節　将来のドイツ会計改革への進路 ………………………………… *179*
　　　　お　わ　り　に ……………………………………………………… *182*

〔主要略語一覧〕

ARC	Accounting Regulatory Committee	会計規制委員会
BaFin	Bundesanstalt für Finanzdienstleistungsaufsicht	連邦金融監督庁
BilKoG	Bilanzkontrollgesetz	会計統制法
BilReG	Bilanzrechtsreformgesetz	会計法改革法
BiRiLiG	Bilanzrichtlinien-Gesetz	会計指令法
BilMoG	Bilanzrechtsmodernisierungsgesetz	会計法現代化法
CESR	Committee of European Securities Regulators	欧州証券規制当局委員会
DRS	Deutscher Rechnungslegungsstandard	ドイツ会計基準
DRSC	Deutsches Rechnungslegungs Standards Committee	ドイツ会計基準委員会
DSR	Deutscher Standardisierungsrat	ドイツ基準設定審議会
EFRAG	European Financial Reporting Advisory Group	欧州財務報告諮問グループ
EU	European Union	欧州連合
FASB	Financial Accounting Standards Board	財務会計基準審議会
GAAP	Generally Accepted Accounting Principles	一般に認められた会計原則
GoB	Grundsätze ordnungsmäßiger Buchführung	正規の簿記の諸原則
HGB	Handelsgesetzbuch	商法典
IAS	International Accounting Standards	国際会計基準
IASB	International Accounting Standards Board	国際会計基準審議会
IASC	International Accounting Standards Committee	国際会計基準委員会
IDW	Institut der Wirtschaftsprüfer in Deutschland e.V.	ドイツ経済監査士協会
IFRS	International Financial Reporting Standards	国際財務報告基準
IOSCO	International Organization of Securities Commissions	証券監督者国際機構
KapAEG	Kapitalaufnahmeerleichterungsgesetz	資本調達容易化法
KapCoRiLiG	Kapitalgesellschaften- und Co. Richtlinie-Gesetz	資本会社 & Co. 指令法
KonTraG	Gesetz zur Kontrolle und Transparenz im Unternehmensbereich	企業領域統制・透明化法
SEC	Securities and Exchange Commission	証券取引委員会
TransPuG	Transparenz- und Publizitätsgesetz	透明化・開示法

序章
本書の目的と視点

　本書は，欧州連合（EU）とその主要構成国ドイツにおける会計基準のコンバージェンス（収斂化）についての最近の展開を取り上げ，そこで構築された国際会計基準および国際財務報告基準（IAS/IFRS）の承認（エンドースメント；Endorsement）と監視（エンフォースメント；Enforcement）のメカニズムを解明し，資本市場指向の会計改革に内在する制度課題について検討したものである。

　周知のように，EU においては，2005年1月1日以降に始まる営業年度の連結決算書に対して IAS/IFRS の適用が義務づけられた。この IAS/IFRS の適用義務化は，EU 域内企業にとどまらず，EU 域外の第三国企業に対しても施行することが予定されていたが，この域外第三国に対する IAS/IFRS の適用問題については，2年間の猶予期間を置いて2007年を目途に IAS/IFRS と域外第三国の会計基準との同等性評価の結果を経て，最終的対応が決定されることになっていた。しかし，先般，EU サイドから，とくにベンチマーク国として重視されるアメリカ，カナダそして我が国の会計基準の IAS/IFRS への収斂化ないしは相互承認の進捗状況をみるべく，2009年への決定延期が表明された。この EU への対応問題は，現在，我が国においては，「会計2007年問題」ないし「会計2009年問題」として，会計研究者はもとより，金融庁等の行政当局，産業界においても注目され，解決の急がれる喫緊の制度課題となっている。

　本書は，こうした現況のなかで，IAS/IFRS をめぐる会計基準のコンバージ

ェンスを加速させた問題の当事者である EU とその主要構成国ドイツを対象に，会計統合戦略と会計制度改革の内容を取り上げ，そこにおいて IAS/IFRS の承認と監視のメカニズムがどのように構築されかつ機能するのかについて，立法資料等にもとづきながら検証し，その上で，政策課題として進行してきた EU における資本市場指向の会計改革がどのような制度上の問題を担っているのかを明らかにしようとしたものである。

以下，本書は 6 つの章により構成される。

本書の第 1 章および第 2 章においては，EU における資本市場指向の会計統合戦略と会計基準の収斂化の内容を考察するとともに，第 3 章以下における IAS/IFRS の承認（エンドースメント）と監視（エンフォースメント）のメカニズムの検討の枠組みを提示する。まず，第 1 章においては，IAS/IFRS 適用義務化を果たした 2005 年を経過した現時点おいて，IAS/IFRS 適用に向けて EU が講じてきた会計戦略，指令，命令の法的措置の経緯を跡づけ，そこにおけるドイツの会計制度の対応，とくに会計制度改革の担い手である DSR（ドイツ基準設定審議会）の対応がどのようなものであったのかについて整理検討する（担当：佐藤誠二）。第 2 章においては，主要構成国ドイツの約 20 年間に及ぶ資本市場指向の会計改革を取り上げ，とくに IAS/IFRS の承認と監視のメカニズムの構築を目指して 2004 年に成立した「会計法改革法（BilReG）」ならびに「会計統制法（BilKoG）」の法改正内容と資本市場指向会計改革の包括的検討を行う。そこでは，EU における IAS/IFRS 導入のプロセスはドイツが会計国際化に対応する会計制度改革を促した要因であったが，そのことを契機に，ドイツは IAS/IFRS の資本市場指向ルールとともに，資本維持・債権者保護の非資本市場指向の国内ルールをも包摂した商法典第三編の包括・混成的な会計規範の再構築を果たしたことが明らかにされる（担当：木下勝一）。この 2 つの章は本書の総論的部分として位置づけられると同時に，EU およびドイツにおける近年ならびに将来の会計改革を分析するうえでの視点を形成することを意図したものである。

第 3 章においては，EU における IAS/IFRS の承認（エンドースメント）の法

的内容を公的文書により明らかにし,「承認された IAS/IFRS」はエンドースメント機構をつうじて「EU 法の一部」となること,またそのことをつうじてアングロサクソン的性格を有する IAS/IFRS に法的性格が付与され,法の権威にもとづく IAS/IFRS 導入の仕組みが EU とドイツにおいて構築されていることを明らかにした (担当:稲見亨)。続く第 4 章においては,従来の決算書監査に加えて,決算書の順法性監視を強化させる EU とドイツの監視 (エンフォースメント) のシステムの形成経過についてコーポレートガバナンス改革との関わりで考察した。ここでは主として,2 段階形式を採用する,いわゆるドイツ型のエンフォースメント・システムの構造と機能が検討される。エンフォースメント・システムの目的は,会計不正の防止と「IAS 適用命令」に従い,欧州証券規制当局委員会 (CESR) の原則により構築された IAS/IFRS の統一的な遵守システムの構築にあり,それが IAS/IFRS 承認システムの前提をなしており,その IAS/IFRS の承認と監視のメカニズムが一体をなして,国際的会計基準の形成にも影響を及ぼす可能性が指摘されている (担当:佐藤博明)。さらに,第 5 章においては,EU における IAS/IFRS の導入によって,EU 域外第三国の会計基準に対していかなる問題が提起されているのか,EU の「目論見書指令 (Prospektrichtlinie)」,「透明性指令 (Transparenz-richtlinie)」等の資本市場関連の立法文書にもとづきながら,IAS/IFRS と第三国会計基準との同等性評価の問題を中心に考察する。そこでは,IAS/IFRS との同等性評価の問題そのものは,一国を超えた国際的枠組みのなかで会計 (基準) が資本市場と相互に関係して機能していることを示すだけでなく,それが国家的利害に係わる会計制度の機能と有機的に結びついていることを指摘した (担当:佐藤誠二)。これら 3 つの章は,IAS/IFRS の承認と監視のメカニズムを直接的に取り扱いその解明を試みた部分であり,我が国の先行研究にみられない本書固有の取り組みとなっているといえよう。

そして,最後の第 6 章においては,EU における IAS/IFRS の導入が,連結決算書だけでなく,個別決算書にも影響して,配当可能利益の算定あるいは確定決算主義を介した税所得の算定とのかかわりで新たな制度改革問題が生じて

いることを，ドイツの事例に即して明らかにした。この部分は，将来におけるEUの会計制度改革を展望するとともに，同様の問題を共有する我が国における会計制度改革に対する一定の示唆を与えることも念頭に置いている（担当：佐藤誠二）。

　上記のように，本書はIAS/IFRSという国際的会計基準の導入をめぐるドイツの会計制度改革を，それを主導するEUの市場・会計統合戦略との相互の関連のなかに位置づけ，IAS/IFRSの承認と監視のメカニズムを中心に検討する。したがって，本書においては，EUそのものを一括し総体としてのEU会計制度を所与のものとして，それに対する我が国あるいはその他の国々の会計制度の国際化対応を論ずるというアプローチを採っていない。本書においては，金融資本市場の統合と資本市場における欧州企業の競争力強化という政策目標に向けて国際的デファクト・スタンダードとしてのIAS/IFRSを導入・適用させるというEUの開放政策にとって，IAS/IFRSの承認と監視のメカニズムを構築することが欧州各国の資本市場指向の会計改革にとってどのような意味と課題をもたらしているのか，EUとその主要構成国であるドイツを相互に照らし合わせて考察しようとするものである。つまり，本書はEUとドイツをいわば「全体と個」にみたて，資本市場指向の会計改革と欧州内部における会計基準のコンバージェンスの状況をIAS/IFRSの承認と監視のメカニズムとの関連で分析し，その内在的諸課題を析出しようとしており，こうした視点に立つ作業は，これまでの我が国の研究では十分になされていなかったといえよう。

　今日，会計基準のコンバージェンス問題は世界的規模で論じられている。そして，その進展状況は，国家の概念を超えた枠組みのなかで，会計が資本市場（エクイティ・ファイナンス）との関連で機能を果たしていることを示すだけでなく，EU，アメリカ，我が国等における国家的レベルの会計制度の機能と資本市場利害の国際的な「調和－対立」のアンビバレントな過程としての様相も強く見せている。本書の考察をつうじて，執筆者達は一国の会計制度がグローバル化した経済と市場に対して国家の概念を捨象して機能する側面と，当該の会計制度が国家的社会施設として機能している側面について複眼的な分析視点

をもつ必要性を述べた。また，そうした複眼的視点で捉えた会計制度変革の様相を整理して，現在の会計制度の抱える諸課題と方向を見極めようとした。

　たしかに，EU はもとより世界的規模で進展している今日の会計改革は，資本市場指向の改革としての性格を具備している。しかし，本書で考察するように，そうした改革の中心にある EU，そして主要構成国であるドイツにおいてですら，その資本市場指向の改革は税や配当を中心として国家的利害に係わる会計制度の機能あるいは社会的合意形成の在り方との整合性が絶えず問われている。つまり，グローバル化した会計制度の変革においては，各国の社会経済システムのなかでの当該の会計制度がこれまで果たしてきた現実的役割とどう連携して再構築することができるのかということが主要課題として提起されているといえよう。本書はその課題について EU とドイツという「全体と個」の内的関連のなかで検討するものである。

（佐藤誠二）

第1章
EUの会計統合戦略とドイツの対応
― IAS/IFRS 適用に向けての会計基準のコンバージェンス（収斂化）―

は じ め に

ドイツにおける会計国際化改革を歴史的経過から辿ると3つの局面からとらえることができる。ペレンス（B. Pellens）等[1]に従えば，第1の局面は，「会計指令法（Bilanzrichtlinien-Gesetz）」（1985年）の制定から8年後の1993年から1998年までの会計実務の国際的進展の期間である。1993年，当時のダイムラー・ベンツがニューヨーク証券取引所に上場したのを契機に，ドイツのグローバル・プレーヤー（国際的企業）による国際的資本市場でのエクイティ・ファイナンスが促進し，そこでドイツ商法準拠の決算書と国際会計基準（IAS）あるいはアメリカの一般に認められた会計原則（US-GAAP）準拠の決算書のいわゆる二重開示の問題が提起され，国際的に適用しうる会計基準をめぐっての活発な議論が展開された。

第2の局面は1998年から2005年のあいだの時期で，ドイツ会計の規制緩和

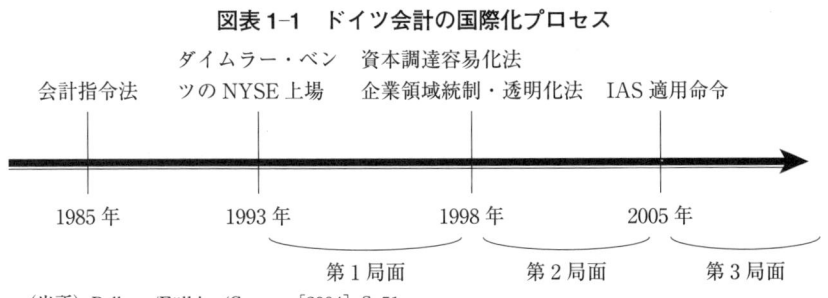

図表1-1　ドイツ会計の国際化プロセス

（出所）Pellens/Fülbier/Gassen [2004], S. 51.

(Deregulierung) の期間である。1998 年には資本調達容易化法（KapAEG）[2] および企業領域統制・透明化法（KonTraG）[3] が議会を通過した。KapAEG により改正された商法（HGB 第 292a 条）にもとづき，資本市場指向企業の連結決算書に対して，商法遵守から免責条項の規制緩和が施され，国際的に認められた会計原則すなわち IAS あるいは US-GAAP の適用が可能となった（ただし，2004 年末までの時限立法）。また，KonTraG による商法改正（HGB 第 342 条）にもとづき連結会計原則を開発する任務を負うドイツ会計基準委員会（DRSC）も創設された。この時期，ドイツの DAX 企業と M-DAX 企業の多くが IAS あるいは US-GAAP にもとづく連結会計に転換した。そして最後の第 3 の局面は，2005 年以降の期間である。EU は IAS 適用命令[4] を 2005 年 1 月 1 日以降から加盟国に適用させ，その後，EU とドイツにおける会計改革の焦点は IAS および国際財務報告基準（IFRS）（以下，IAS/IFRS[5]）の会計システムとなった。ドイツの場合，2004 年 12 月に会計法改革法（BilReG）[6] を公示し，資本市場指向企業および規制された市場に有価証券の取引認可を受けた非資本市場指向企業に対して，連結決算書に対する IAS/IFRS の適用を義務づけ（HGB 第 315a 条），その他の非資本市場指向企業の連結決算書ならびに資本市場指向企業の個別決算書についても IAS/IFRS 適用の可能性（選択権）を与えた。なお，IAS/IFRS 適用に際して会計法改革法（BilReG）において未解決の諸課題（とくに，公正価値評価の問題）は今後，策定の予定される会計法現代化法（BilMoG）[7] に委ねられている。

　さて，上述したドイツにおける会計国際化改革の歴史の前提には，たえず EU における金融サービス統一市場の形成とそのインフラ整備としての会計統合という戦略目標がある。そして，その中心に，EU 委員会が示した「金融サービス：金融市場の転換：行動計画」[8]（1999 年 5 月 11 日付，以下「行動計画」と略称）と「EU の会計戦略：将来の進路」[9]（2000 年 6 月 13 日付）の 2 つの公式意見書がある。EU は，この 2 つの公式意見書を軸にして，各種の指令あるいは命令の法的措置をつうじて EU における会計統合を推進してきており，今後も継続される。IAS/IFRS 適用に向けての会計基準のコンバージェンス（収

斂化)が会計統合の目標である。

　そこで，この第1章では，2005年を経過し新たな会計改革局面を迎えた現時点で，EUにおける会計基準の収斂化の経緯とそこにおけるドイツの会計制度の対応がどのようなものであったのかについて改めて整理しながら考察する。また，本書の第2章においては，とくにドイツに焦点づけて，過去20年に及ぶドイツの会計改革の歴史的経過とその包括的な位置づけを試みる。本書のはじめの2つの章は，第3章以下におけるEUおよびドイツのIAS/IFRSの承認と監視のメカニズムについての考察の枠組みを示すとともに，今後も継続するEUの会計統合戦略とそれに対応するドイツの会計改革に対する分析のための視点を提供するものとして位置づけられている。

第1節　EUの金融市場統合に向けての
　　　 アクションプランと会計戦略構想

(1)　EUの金融市場統合に向けてのアクションプラン

　EUにおける会計統合の歴史には絶えず，欧州統一市場を実現し経済の活性化を図るという背景がある。1992年末のEC統一市場が実現した後，1993年のマーストリヒト条約によってECから移行したEUにおいてもその点は変わりなく，EUは1990年代以降も継続して市場統合政策を発展させてきた。とくに，1999年1月の単一通貨・ユーロ導入に際して金融・資本市場統合の深化がEU経済の将来の発展にとっての重要な牽引力とされた。1997年6月のアムステルダムにおけるEU理事会は，同年4月にEU委員会が提示した，ユーロ導入と並行した欧州統合市場の実現に向けての一層の前進を意図したアクションプランを決議したが，その延長線上で，EU委員会が1999年11月に2005年の欧州統合市場の実現のための戦略に関する公式意見書を発表した。この公式意見書は，統合市場達成のための重点課題として，①市民生活の質の向上，②EUの貨幣・資本市場の効率性の強化，③経済に対する枠組み条件の改善，④転換期にある世界における統合市場の成果の利用の4つの目標を明示

し，貨幣・資本市場の効率性を強化するうえで金融サービスに対する機能的な統合市場の実現が戦略における1つの重点であると提案しており，1999年12月のヘルシンキにおける EU 理事会はこの委員会提案を決議するに至っている。

そうした経緯のなかで注目されるのが，EU 委員会が公式提示した，1998年10月28日付の「金融サービス：行動大綱の策定（以下，「行動大綱」）」[10]と既述の1999年5月11日付の「行動計画」である[11]。

EU 委員会は，「行動大綱」において，アメリカのニューヨーク証券取引所もしくは NASDAQ に上場する欧州企業数が，1990年の約50社から1998年にほぼ250社に増加し，取引所資本化額は総額で3,000億ドルに達していることを例示し，そうした状況のなかで，ユーロ導入後も欧州企業がその決算書を統一した会計原則を適用して作成するように EU 指令が IAS に適合することが益々，必要となってきていると指摘した[12]。

そして，1998年12月のウィーンの EU 理事会の決議を踏まえて，「行動大綱」に続き，EU 委員会が1995年5月に公表したのが，「行動計画」である。この「行動計画」において，次のように述べられている。「比較可能な，透明かつ信頼できる年度決算書は，効率的な統合資本市場にとって不可欠の要件である。比較可能性の欠如は国境を越えた投資活動の阻害要因である。なぜなら，決算書の信頼性を確保することができないからである。金融サービス政策グループ（FSGP）の議論から，企業が EU 域内全体で資本を調達し，統一的会計義務に準拠した決算書を使用するための解決策を緊急に策定する必要性が明らかになった。資本調達は EU 域内に限定されない。EU 企業は，国際的な資本市場も利用する必要がある。EU 域内市場の比較可能性をより改善するための解決策は，国際的に認められた基準の展開を反映したものでなければならない。目下のところ IAS は，企業に国際市場での資本調達機会を与え得る統一的会計規定として最善のものであると思われる。同様に，国際的決算書監査原則（国際監査基準）も開示される決算書に信頼をもたせるために履行されなければならない最低条件を明らかに有している。」[13]

「行動計画」は，こうした見解にたって，図表1-2に示すように，金融・資本市場の統合にとっての施策として，EU会計戦略に対する公式見解，公正価値評価の導入，EU指令の現代化，会計監査制度の強化という具体的な優先課題に関する計画を提示したのである。

図表1-2 「金融サービス：行動計画」における戦略目標

措　　置	目　　標	担い手	期　　限
「公正価値」にもとづく会計を可能にする会社法第4号指令および第7号指令の修正（優先段階2）	欧州の株式会社には，国際的会計原則に一致して，一定の金融資産を「公正価値」をもって表示する可能性が与えられるべきである。	委員会加盟国議　会	1999年秋に指令案，2001年に承認
会計領域におけるEU戦略実現のための委員会の公式意見（優先段階1）	EUの会計指令および/もしくは国際的に認められた会計原則との結合にもとづくEU株式会社の決算書の比較可能性の改善に関する戦略案。当該戦略は，EUにおける株式会社によって適用されうる，国際的基準を検証するための機構を予定しなければならない。	委員会	1999年末
会社法第4号指令および第7号指令の会計規定の現代化（優先段階2）	国際的会計基準の動向を考慮するために，第4号指令および第7号指令が統合市場の要請に適応する。	委員会加盟国議　会	2000年末に提案，2002年に承認
EUにおける決算書監査に関する委員会の勧告(優先段階2)	品質保証および監査原則の領域における目標措置の勧告によるEUにおける法定決算書監査の品質改善。	委員会	1999年末

（出所）Kommission der EU［1999］, S. 23.

（2）EUの会計統合戦略

2000年のリスボンにおけるEU理事会は，金融サービスの統合市場を実現するために「行動計画」を2005年までに完全実施することを決議し，それを

受けて，EU委員会は，2000年6月13日付で公式意見書「EUの会計戦略：将来の進路」[14] をEU議会に提出した。EU委員会は，すでに1995年の「会計領域の調和化―国際的調和化の観点からの新戦略」[15] において，国際的に活動する欧州企業の国際的資本市場への参入を容易にするため，連結決算書に対してIFRSの適用を認めたうえで，IASCとIOSCOを支持して，取引所上場に対して必要な「国際的に認められた会計基準」の作成に努力することを表明していた。そして，その後，改定作業を終えたIASのコアスタンダードに対して2000年5月17日付でIOSCOがそれを承認し，また，IASCが2001年から発効する組織変更をつうじて資本市場におけるより上質の会計基準の適用に努力する目標を明確に掲げたことを背景に，EU委員会はリスボン決議をふまえ，企業の年度決算書の比較可能性（Vergleichbarkeit）を改善するための措置計画，「EUの会計戦略：将来の進路」を公表したのである。

いま，「EUの会計戦略：将来の進路」が掲げる将来措置を概略すると，次のとおりである。

まず，第一段階として，EU委員会は，2000年末までに，すべての取引所上場のEU企業に対して，IASにもとづく連結決算書を作成することを要求する提案を行う。加えて，EU委員会は，非上場の企業に対しても，IASにもとづく連結決算書を可能にさせる選択権を加盟国に付与する。この場合，EU委員会が提示する提案はリスボンのEU理事会が金融サービスのための行動計画の転換に際して決定した，遅くとも2005年までの移行期間が予定される[16]。したがって，この提案承認後の遅くとも3年間がEUにおける企業と会計専門家にとっての移行期間となる。

第二段階として，EU委員会は，2001年末までに有限責任会社の会計にとって将来も基礎でありうるような「EU指令の現代化（Modernisierung der EU-Rechnunglegungsrichtlinien）」に関する提案を行う。この会計指令の現代化は，IASとのあいだの潜在的矛盾を広範囲に解消し，EU指令と現代会計の発展との調和をもたらさなければならない。これは新しい技術的発展が伝統的会計方法の適用を要求する，たとえば無形固定資産の計上と評価といった場合に妥当

する[17]。

　こうしたEUの立法提案は，企業の比較可能で透明性ある決算書に対する明確な規制を導入するもので，その厳格な解釈と適用を保証しなければならず，そのことによって投資家とその他の利害関係者が目的適合的で信頼にたる情報を利用し，企業業績の意義ある比較を可能にし，資金利用の意思決定に資することになるという。欧州の投資家は自身の資金をどの企業に投資するか決定するために上質の会計情報を必要としており，欧州の企業もまた国際的資本市場において資本調達しようとする別の企業と同一の条件が適用されなければならない。したがって，EUにおいて適用されるべき基準に対する法的安定性を保証するうえで，EU委員会の立法提案は適用されるべき基準と調和するための技術レベルと政策レベルの二重構造をもつ承認（エンドースメント）方法も確立しなければならない。そうした方法の法的地位と意思決定手続きの詳細は目下論議されているという。

　また，EU委員会の見解によると，企業の決算書の透明性を保証するためには，上質の会計基準だけでは十分でないことも指摘される。厳格に首尾一貫して基準が適用されてはじめて決算書の信頼性も確保されるのであり，したがって，EU全域において会計基準が統一的，適切に適用されるためには高品質の法定監査，欧州有価証券監督局の強力な協力が前提となる。なお，立法提案は委員会の計画した措置である現行の「目論見書指令」を補完して実現するものであり，欧州の有価証券発行者にとっての「欧州パス（europäischer Paß）」を導入するものであるから，そのため，EUにおけるすべての有価証券市場への参入は一連の比較可能な市場情報にもとづく共通の規制システムをつうじて行われることになるとするのである。

第2節　会計統合戦略のためのEU指令および命令

　EUは，「行動計画」ならびに「EUの会計戦略：将来の進路」の計画に沿って，会計統合の実施局面に入り，各種の指令あるいは命令の法的措置を矢継ぎ

早に講じた。それらは，EUにおける統一会計基準としてIAS/IFRSの導入を図ることを機軸に行われたといってよい[18]。いま，それら指令および命令のうち主要なものを挙げれば次のとおりである。

(1) 公正価値指令

公正価値指令[19]（「特定の法形態の会社および銀行およびその他金融機関の年度決算書および連結決算書に許容される価値計上額に関する指令2001/65/EC」，2001年9月27日付）は，「行動計画」が計画の優先順位1として掲げたものである。この公正価値指令に関して，EU委員会提案（2000年2月24日）[20]の理由書では，次のように述べられている。

「本提案は，会計に関するEUとIASCとの枠組み規定の比較可能性を保証するためのEU委員会の戦略を促進する1998年にEU委員会が公表した金融サービスに関する公式見解を対象とする。さらに，本提案は，EU委員会報告『金融サービス行動計画』のなかに挙げられた措置の1つである。」[21]

また，理由書によれば，「1998年初頭以来，7つの加盟国が公開会社に対して連結決算書をそれがEU会計指令に一致する限り，国内の会計規定でなくIASにもとづき作成しうるように自国の法規定を改めたことによって，EU委員会の新しい会計戦略が支持されたことがわかる。しかし，ここで提案されるような指令の修正が行われなければ，IASに基礎を置くと同時にEU指令をも充足しようとする会社は，評価，とくに一定の金融資産と金融負債の公正価値（fair value）による評価が障害となるだろう。したがって，一般的にみて，この提案の目的は，事業活動の展開とそれに対応した国際会計の傾向に適応して国際的に活動する欧州企業の会計が資本市場の要請に応え得るようにEU指令の現代化を図ることにある」[22]としている。

したがって，公正価値指令は「行動計画」の措置の一環としてEU会計指令の現代化を図る指令と位置づけられるとともに，IAS/IFRS適用と既存のEU会計指令との大きな相違点となっている金融資産（金融負債）の公正価値評価をEU会計に導入することを目的とした指令ということができる。

なお，公正価値指令は，附属説明書，状況報告書における関連記載を含む金融商品の評価に関する規定を含んでいる。しかし，本指令は，IAS 第 39 条「金融商品：認識および測定」とは対照的に，金融商品の定義と種類，公正価値，ヘッジ取引，また，金融商品の計上・オフバランスに関する規定，ヘッジ会計の処理についての詳細規定などを含んでいない。EU 委員会が指示する方法は多くの加盟国選択権に委ねており，各加盟国の会計慣行に応じて，速やかな，もしくは緩やかな移行を可能とするものとされている[23]。

(2) 現 代 化 指 令

　現代化指令[24]（「特定の法形態の会社，銀行およびその他の金融機関ならびに保険企業の年度決算書および連結決算書に関する指令 78/66/EC，83/349/EC，86/635/EC および 91/674/EC の修正に対する EU 議会および EU 理事会の指令」）も，「行動計画」が掲げた，IAS/IFRS の動向を考慮して EU 第 4 号指令および第 7 号指令を統合市場の要請に適応させる構想を 2000 年末まで EU 委員会が提案し，2002 年に EU 議会が承認するというスケジュール（優先段階 2）に沿ったものである。また，現代化指令は 2005 年以降，一定の上場企業の連結決算書において IAS/IFRS の適応を義務づける IAS 適用命令と結びついている。EU 指令の現代化に関する試みは，現代化指令についての EU 委員会の 2002 年 5 月 28 日提案[25]を経て，2003 年 6 月 18 日付で成立，公表されるに至っている。

　現代化指令によると，IAS 適用命令は EU 第 4 号指令ならびに EU 第 7 号指令の基本要請を満たす，すなわち企業の業務損益と財務状況に関する実質的諸関係に合致した写像を伝達するところの国際的な会計原則の共同体への適用を前提とする。また，IAS 適用命令にとっても EU 第 4 号指令および EU 第 7 号指令にとっても，当該指令が国際会計の展開を反映することが望ましく，そうした観点で，EU は 1995 年に EU 委員会の提示した EU の会計戦略「会計領域の調和化―国際的調和化の観点からの新戦略」において，EU の会計指令がとくに IASC の枠組みにおける国際会計基準の確定の動向に影響しうること

を要請したという[26]。

現代化指令の提案によれば，EU委員会が示した現代化指令の目的は次の点にあった。

（ⅰ） 会計指令とIASとの間の既存のすべてのコンフリクトを解消する

（ⅱ） 会計指令が今後も会計の基礎であるEU企業（すなわち，自身の年度決算書もしくは連結決算書がIASに従い作成されない企業）に対して，IASに存在する会計選択権を明確にする

（ⅲ） 現代実務に合致し弾力性に富む会計フレームワークを生み出し，IASの将来の発展に寄与するよう会計指令の基礎構造を現代化する[27]。

現代化指令の対象とする企業は会計指令に準拠して自身の連結決算書および個別決算書を作成するすべての企業である。これらの企業に対して本指令が問題とするのは次の点だという。加盟国が会計指令にもとづいている会社の立場から，国内条件に合致した方法と速度で国内の会計要請に適用すること。それは，加盟国選択権の形式での追加的会計要請の導入をもって，また現存の加盟国選択権の削減を断念することをつうじて達成される。したがって，本指令は個々の加盟国が望まない会計への効果はもたらさない。このことは，会計要請と，とくに個別決算書の場合における税務上とその他の問題との関連にもとづいて重要だとする。また，連結決算書（ないし個別決算書）に加えて，会計指令は一定規模を上回る企業について営業活動の正しい写像を伝達する連結状況報告書（ないし状況報告書）を要求するが，現代化指令はこの要請を堅持し，それに応じて現在の認識状態を強化する。このことは，拡張された利害関係者集団に対する情報をも提供する理解し易い報告書を導くことになるのだとしている。

(3) IAS適用命令

すでに述べたように，EUは，IAS適用命令[28]（「国際的な会計原則に関するEU議会および理事会の命令No.1606/2002」，2002年7月19日付）において，2005年1月1日以降に始まる事業年度から，資本市場指向企業の連結決算書に関し

て，IAS/IFRS の適用を義務づけ（US-GAAP 適用の会社ならびに負債証券のみを取引認可されている会社については，2 年間の猶予期間），非資本市場指向企業の連結決算書に対して，また個別決算書に対して IAS/IFRS 適用の加盟国選択権を付与している。IAS 適用命令によると，この国際的会計基準の適用を受容するにあっての第 1 の前提は，企業の財産，財務，収益状態の実質的諸関係に合致する写像を伝達するという EU 会計指令の基本要請を満たし，EU 理事会の決議に応じて EU 指令のすべての個別規定の厳格な遵守を必要とすることなく原則を維持することにある。また，第 2 の前提は，2000 年 7 月 17 日の EU 理事会決議に従い欧州の共通の利害に合致すること，第 3 の前提は，情報の質に関する基本的基準が満たされ，それにより決算書がその受け手にとって有用であることにある[29]。

なお，IAS/IFRS を適用するには，EU における承認手続き，いわゆるエンドースメント機構（endorsement mechanism）が不可欠である。IAS 適用命令によれば，エンドースメント機構は提案された国際的会計基準（IAS/IFRS）を遅滞なく受け入れ，主要利害関係者，とくに国内の基準設定機関，有価証券領域の監督機関，銀行および保険会社，中央銀行，会計専門職ならびに決算書の受け手および作成者により国際的会計基準を審議し検討する。この機構は共同体における国際的会計基準を適用するための共通理解を深めるための手段である[30]。エンドースメント機構を経た IAS/IFRS は，IAS 承認命令（「IAS 適用命令に合致した一定の国際的会計原則の承認に関する命令」）および，IAS 承認命令の修正命令（「IAS 適用命令に合致した一定の国際的会計原則の承認に関する命令の修正命令」）[31] をつうじて EU 公報に報告され，承認された IAS/IFRS として適用可能になる。

(4) 目論見書指令

目論見書指令[32]（「有価証券の公募もしくは取引認可に際し開示される目論見書および EU 指令 2001/34 の修正に関する指令 2003/71/EC」，2003 年 11 月 4 日付）の目的は，第 1 条 1 項が示すように，加盟国に設立されているもしくは機能して

いる規制された市場において，有価証券を上場するないしは有価証券の取引が認可される際の，目論見書の作成，承認，普及に対する条件を調和化することを明らかにすることにある。2001年5月30日付の目論見書指令提案[33]は，その立法理由書のなかで，「目論見書の形式，内容とその作成に対する理解はEUにおいて異なる慣行にもとづいて極めて多様であり，また，相互承認という複雑で欠陥あるシステムによっては統一的な発行者パスの指示という目標を達成できない。目論見書内容を調和化することが共同体における統一的な株主保護にとって必要であり，いわゆる欧州パスの導入は，それが多様な目論見書を作成するもしくは追加的な国内版を履行する義務を解除することにより，有価証券発行者に対して現行法規の遵守を簡便化する一回限りの機会を提供するだろう」[34]と述べている。

目論見書指令が提示する調和化の新システムは，主として次の内容から構成されている。

(i) 有価証券の上場および取引認可に対する国際基準に合致した改善された開示規範の導入

(ii) 規制された市場において有価証券の取引が認可される証券発行者に対して，当該発行者に関する重要な記載項目の年次の現実化を保証する登録フォーミュラ制度の導入

(iii) 本来加盟国の所轄当局により認可された目論見書の簡便な通知によって，有価証券を取引申請ないし認可する可能性の開設

(iv) 本来加盟国の所轄当局側の権限の集約

(v) ストックホルムにおけるEU理事会で決議されたラムファルシー報告書を広範囲に指示することによるコミトロジー（Komitologie）方法への頻繁な要請[35]

なお，いうまでもなく，この目論見書指令は2000年のリスボン決議の実施計画に従って，IAS適用命令，現代化指令と連動してEUの統一金融サービス市場の形成に資するものである。この点は，目論見書指令提案が，「有価証券統一市場の実現を加速化し，目論見書の記載内容の比較可能性を改善するため

に，EU 委員会は EU 会計指令の現実化も計画している。規制された市場で有価証券が取引認可されるすべての EU 企業はその連結決算書を 2005 年以降，統一的会計基準すなわち IAS にもとづき作成しなければならない。EU における有価証券は国際的金融市場において統一的な会計原則にもとづいて取り扱われることが保証されなければならない」[36]と述べるところである。

(5) 透明性指令

透明性指令[37]（「規制市場に有価証券を取引認可される発行者に関する情報についての透明化要請の調和化および 2001/34 EU 指令の修正に関する指令 2004/109/EC」，2004 年 12 月 15 日付）も，目論見書指令と同様に，IAS 適用命令と密接な関連を有する資本市場の開示規制を含んでいる。

EU 委員会は，目論見書指令とともに，「行動計画」の主要構成部分として位置づけられる証券取引所開示規制に関するこの透明性指令についての提案[38]を 2003 年 3 月 26 日に公表した。この透明性指令提案の立法理由書によれば，健全な株主保護と市場の効率性の目的に適合した透明性水準および情報水準が規定されるためには，本指令の発議は IAS 適用命令，市場濫用指令，目論見書指令の立法措置すべてが関係づけられなければならないという[39]。また，提案によれば，本指令は一定時点で標準化された形式（定期的情報）ないし継続的情報の形式での開示義務を改革するものだとされている。

開示義務の改革について，透明化指令は次の主要目標を掲げている。

（ⅰ）3 ヵ月以内の年次財務報告書の開示をつうじた証券発行者の年次財務情報の改善
（ⅱ）事業年度についての期間報告の改善。これには，詳細な半期財務報告と第 1 四半期および第 3 四半期に対する証券発行者についての要求度の高くない四半期報告との実利的な結合が属する。
（ⅲ）負債証券を発行する証券発行者に対する半期財務報告の導入
（ⅳ）証券発行者の重要な資本参加の変動に関する継続的告知の異論のない資本市場指向的考え方への基礎づけ。これについては厳格な開示期間

内での頻繁な情報を可能とする。
（ⅴ）証券所有者（株主および負債証券の所有者）に対して株主総会の際に委任ないし電子媒体の手段で情報を利用可能にするための既存の共同体法の現実化。この観点はとくに外国に居住する投資家にとって意義がある[40]。

これらの改革提案によって，透明性指令もやはり，すでにみてきた公正価値指令，現代化指令，IAS 適用命令，目論見書指令等の EU の法的措置と連携して金融サービス市場に対する枠組み規制を改正する戦略の一環をなしており，2000 年における EU 理事会の決議とそれにもとづく「行動計画」の優先措置として位置づけられるものでる。

第 3 節　ドイツの EU 会計戦略への対応
――ドイツ基準設定審議会（DSR）の公式意見を中心に――

それでは，2005 年を目指した EU の会計統合戦略に域内加盟国はどう対応しようとしているのか。EU の国際化対応戦略に主導的役割を果たしている主要国ドイツの場合を，次に取り上げてみよう。

ドイツでは，EU の 1999 年 5 月の「行動計画」および 2000 年 6 月の「EU の会計戦略：将来の進路」をほぼ全面的に受け入れ，EU 指令の現代化と IAS/IFRS の適用を図るともに，ドイツ会計法制の聖牛ともいわれる基準性原則（商法確定決算基準）を再検討して，「国際的に認められた会計原則」の形成をつうじて連結決算書だけでなく個別決算書にも統一的な計上・評価原則を確立するという目標を追求することが提案されていた。その会計改革の中心的担い手がドイツ会計基準委員会（DRSC）のドイツ基準設定審議会（DSR）である。

とくに，既述の EU 指令との関連では，DSR は，2000 年 7 月 24 日に「EU 第 7 号指令の改革に対する提案」，9 月 21 日には「EU の会計戦略：将来の進路に関する EU 理事会および議会への EU 委員会の公式報告」，また，12 月 7

図表 1-3　EU 指令案等に対する DSR の公式意見

EU の指令提案等	DSR の公式意見
2000年2月24日 　一定の法形態の会社の年度決算書および連結決算書において許容される評価額に関する指令の修正のための EU 議会および EU 理事会の指令に対する提案（公正価値指令提案） 2000年6月13日 　EU の新会計戦略：将来の進路（EU 委員会公式報告）	2000年7月24日 　EU 第7号指令の改革に対する提案に関する DSR の意見 2000年9月21日 　EU の新会計戦略：将来の進路に関する EU 委員会の公式報告に対する DSR の意見 2000年12月7日 　EU 第4号指令の改革に対する提案に関する DSR の意見
2001年2月13日 　国際的な会計原則に関する EU 議会および EU 理事会の命令に対する提案（IAS 適用命令提案） 2001年9月27日 　公正価値指令	2001年11月20日 　公正価値指令のドイツ法への転換提案に対する DSR の意見に対する要請
2002年5月28日 　一定の法形態の会社並びに保険企業の年度決算書および連結決算書に関する指令の修正に対する EU 議会および EU 理事会の指令についての提案（「現代化指令提案」） 2002年7月19日 　IAS 適用命令	2002年8月24日 　IAS 適用命令，現代化指令提案，および EU における決算書監査人の独立性についての委員会勧告—基本原則—（2002年5月16日付）に対する DSR の意見
2003年6月18日 　現代化指令	

日には「EU 第 4 号指令の改革に対する提案」という公式意見をそれぞれ公表した。また，2001 年 7 月 6 日にはドイツ連結会計法（Konzernbilanzrecht）の国際的に適用される原則への適用を意図した「会計国際化に関する法律案」を連邦法務省に提出した。この法律案はその後，連邦法務省の 2001 年 11 月 26 日付の「透明性および開示に関する株式法および会計法の一層の改革のための法律案」に組み入れられ，最終的にいわゆる透明化・開示法（TransPuG）[41]として同年 7 月 25 日付で連邦官報に公示された。さらに，DSR は，EU 委員会の提示した 2002 年 5 月の現代化指令提案，2001 年 7 月 7 日付で EU 議会において議決された IAS 適用命令に対する公式意見を 2002 年 10 月 24 日付で連邦法務省に提出した。これらの公式意見は，EU 戦略に沿って資本市場指向型の会計改革を推進するドイツの中心的担い手の見解であり，ドイツの会計制度改編のあり方を窺ううえで，重要な示唆を提供するものといえる（図表 1-3 を参照）。

　そこで以下において，いくつかの論点に絞って，EU の会計統合戦略に対する DSR の公式的立場がどのようなものであったのかについて，その内容を考察してみたい。

(1) EU の会計統合戦略についての対応

　2000 年 9 月 21 日の DSR が示した「EU の新会計戦略：将来の進路に関する EU 理事会および EU 議会への EU 委員会の公式報告」に対する意見書[42]においては，次のような 5 つの論点について，ドイツの基本的立場をとることが要求されている。

① 2005 年以降の連結決算書に対する IAS 適用義務に関して

　EU 委員会の IAS への収斂化は，ドイツ経済の大きな部分，とくにニューヨーク証券取引所に上場する企業ならびにアメリカ合衆国に資本参加所有を有する企業が自身の連結決算書を US-GAAP にもとづき作成，開示していることを恐らく失念している。現在の EU 委員会の計画によれば，（資本調達容易化法の免責規定によって——引用者）ドイツ商法から US-GAAP に会計を転換した企業はその会計を再度転換して，2005 年 1 月 1 日から IAS に準拠した連結決算書

を作成し開示しなければならない。そうした決算書の利用者側にもたらす影響は別としても，われわれが当該企業に対して新しい転換プロセスをそれほど短期間のうちに期待することはほとんどできないだろう。さらに，社会は会計基準およびそれによる利益と自己資本の表示が任意に変更されるという印象をもつにちがいない。他方，政策的理由から，HGB 第292a条1項2a号のような IAS と US-GAAP の両立を長期にわたって維持することは困難である。さらに，IAS と US-GAAP の継続的な共存は国際的資本市場における透明性にとっても必要でないことを認めなければならない。したがって，連邦政府は国家的にもまた EU の内部でも免責 US-GAAP 決算書の承認のための期限を明確に変更する（たとえば，2010年まで）ことを要求すべきである。そのことにより獲得した期間を IAS と US-GAAP を可能な限り接近させ，対立を解消するため振り向けなければならない。そのための機会は十分存在するし，目標追求的に利用しなければならない[43]。

② 連結決算書および個別決算書に対する IAS 適用選択権に関して

a) 連結決算書に関して

国内会計規定の枠内での国際的基準の適用に対する選択権は，企業に対して大きな行動余地を与えている。この選択権は EU レベルで維持しドイツ商法に収容すべきである。そうした選択権は資本市場指向への移行を容易化させる[44]。

b) 個別決算書に関して

個別決算書による開示の改善との関連において，DSR は個別決算書に対する規定の修正に賛同する。国際的には，会計原則に関して，個別決算書と連結決算書との区分は行われていない。国際的に認められた会計原則の適用によって，ドイツの企業にとっては，区分化により二重負担が生じている。個別決算書と連結決算書の異なる規範構成は，会計の言明能力と理解可能性に影響する。連結決算書を作成しない個別企業もまた，国際的市場を利用することがますます強いられている。そこで，個別企業はコンツェルンに組み入れられ，国際的に認められた原則にもとづき会計を行う企業と競争する。その限りで，個別企業についての規制緩和に対して賛同する[45]。

商事決算書はますます，配当可能利益の測定基礎の機能から遠のき，企業ないしコンツェルンの業績（performance）のための会計として展開してきている。企業およびコンツェルンの内部管理に関してもまた，外部会計のデータも，それが国際的原則に応じて期間適合的価値を表示する限り強く関連づけられている。DRS は，（相応の移行期間をともなって）商事決算書の税務決算書に対する基準性原則および逆基準性原則を廃止することを勧告する。基準性原則はすでに多くの税務上の特別規定によって空洞化している。商事決算書と税務決算書は異なる目的設定を有している。経済的業績と税務上の給付能力は統一的に測定することはできない。連邦財政裁判所（BFH）の決定はますます財政的に展開してきている。特別規定の導入を見いだした判決の一部分は企業の実質的諸関係に合致した写像に適合しない。連邦政府は，加盟国選択権を行使して，商事決算書を税務決算書から開放する方向で国内法への転換を行うべきである[46]。

③ エンドースメント（承認）方法について

DSR は，拘束的効果を伴う特別の承認方法をつうじて IAS を EU に適用するか否かを決定させるという EU 委員会の計画に思考的には賛同する。現存する統一的な世界規模の資本市場は，企業の決算書の国際的な比較を可能にし，すべての市場参加者によって理解可能な世界的に統一された会計原則を求めている。世界規模の資本市場において，国内のそして地域的な会計規定は，それぞれの国内の領域と地域的領域から生ずる特別な規定がない限り，存在意義をもたない。「欧州の IAS（europäische IAS)」を生み出すことは，フィルター機能を行使する特別の承認方法をつうじた統一的で世界規模の会計原則という方向に明らかに逆行する。連邦政府はエンドースメント機構として理解されるEU レベルの新設置の委員会が形成されないことに努力すべきである[47]。

④ エンフォースメント（実施基盤）について

原則的に，会計に対する実施基盤の設置は機能的な資本市場の確保にとってのすべての措置のうち本質的な構成要因である。国家の資本市場監督局の任務領域，権限，人的および財政的装備を強化するのか，あるいは私法上組織され

私経済的に検査機関のそれを強化するかのどちらを優先するのかは，集中的審議を経て決定されるべきである。別の法集団に展開される制度的構成への移転可能性はそのまま受け入れることはできない[48]。

⑤ 2001年末に予想されるEU委員会の会計指令改訂提案について

DSRは指令とIASとの間のコンフリクトを可能な限り除去する目標をもって指令を改訂する作業に加わる。目下のところ，会計原則の世界的規模での調和化の努力を強く攪乱しているものは，国内規定，地域的共同体（たとえば，EU）もしくは類似の機関（たとえば，SEC）によって作成される詳細な会計規定である。そうした法競合もしくは命令設定者競合が属するものは，連結決算書，場合によっては個別決算書の作成と開示に対するもっとも主要な原則を規定し，形式と内容に関する個別規定は独立した国際的および国内の基準設定主体に委ねることに限定しなければならない。その領域が意義ある規制緩和にとっての範例である。ドイツの立法者はその方向で，資本調達容易化法（KapAEG）と企業領域統制・透明化法（KonTraG）をうまく描いてきた。賢明な自己抑制のなかで，キャッシュ・フロー計算書，セグメント報告書，リスク報告書の作成と開示が規定された。形式と内容に関する個別規定については，立法者はDSRに委ねた。目下のところ，この方向が重要であり，生産的であることをすべてが示唆している。したがって，ドイツ連邦共和国はEUにおいて，会計指令の改訂が同じ方向に進むことに力を込めて努力するべきである[49]。

(2) 会計指令の修正についての対応

DSRが2000年7月24日に発表した「EU第7号指令の改革に対する提案」[50]においては，その冒頭でDSRの基本的立場について次のように記されている。

「EU指令が会計にとっての枠組み規定を形成し，それと同時に，指令それ自体は厳密な要請を含むことなく会計基準における規制の詳細な設定に対する余地を許容することをつうじて，（EU指令とIASとの—引用者）望まれる一致が可能となるというEU委員会の提案に賛成する。そのことによって，

一方で，EUにおける会計は国際的動向に対応し，企業がEU指令のために他のグローバル・プレーヤーとの競争で制約されることもなく，自身の決算書を国際的に認められた原則に準拠して作成することが可能となる。また他方で，EU指令はEUにおける中小会社にとっての枠組み規定であり続けられる。(51)」

「EU指令の改革に際して，欧州のIASを導くような欧州の特殊な進路は回避されるべきである。それに代わって，IASとUS-GAAPを国際的に均衡するという現在の責務が取り上げられ，不足が補われなれるべきである。～中略～国内と地域の資本市場はますます消滅し，それに代わってグローバルな資本市場が現れている。このことは，会計に対して世界規模での共通の挑戦を求めている。それに応じて，欧州における会計の調和化の目標はグローバルな会計の調和化の目標の背後に退くべきである。(52)」

この意見書において，DSRは，連結基準，連結範囲，連結決算書の追加的構成要素（キャッシュ・フロー計算書，セグメント報告等），パーチェス法，プーリング法など12条項に及ぶ勧告を行ったが，そこでの提案の目的は，「国際的に認められた会計原則との比較可能性をもたらし，将来の予想されるコンフリクトを回避するため可能な限り弾力的で一般的に改革を公式化すること(53)」であった。

その後，DSRは，「EU第4号指令の改革に対する提案」という意見書(54)を2000年12月7日に公表した。この提案は，とくに国際的に認められた会計原則の適用に関連して，個別決算書に対するドイツの将来における会計制度改革の方向性を窺ううえで極めて重要な論点が含まれているといってよい。

以下，この意見書の基本的勧告において列挙された9の論点の内容を示せば次のとおりである(55)。

① EU指令とIASとの一致を生み出そうとするEU委員会の意図に同意する。国際的に認められた会計原則（IASもしくはUS-GAAP）に対してEU域内の会計を適合するうえで制約であった既存の法的条件を解除し，EU指令の改革は統一した国際会計に貢献するだろう。その場合，

EU 第 4 号指令は会計に対する枠組み規定を形成し，規制の詳細設定は会計基準に委ねることをもって，国際的に認められた会計原則との一致が追求されることになる。

② EU もしくは国内局面において会計規定を詳細化することは会計の国際的調和化の目的に合致するものでない。国際的に認められた会計原則と EU 指令の間の現在ある不一致は，既存の規定の削減もしくは弾力的規定の導入によって解消されるべきである。

③ EU 第 4 号指令の計上と評価の規定は，基本的に資本市場指向の資本会社だけでなく，それ以外の資本会社（有限責任の人的会社を含む）に対する枠組みを示さなければならない。

④ 資本会社の利益算定に関して，同一の計上および評価規定が適用されるべき一方で，利益処分については国内の規制が許容されるべきである。債権者保護の利害から，たとえば，公正価値評価の際の実現可能もしくは未実現の利益に対する配当制限が規定されることになろう。

⑤ DSR は，個別決算書と連結決算書に IAS にもとづく同一の会計原則を適用するという見解にたっている。ただし，EU 加盟国のいくつかにおいて個別決算書が利益課税の基礎にある原則（基準性原則）を保持している点などの理由から，DSR は個別決算書を IAS かあるいは既存の EU 指令のどちらかによって作成することを加盟国が許容ないし規定しうるような選択権をさしあたり勧告する。また，DSR は EU において基準性原則を廃止し，個別決算書と連結決算書に対して統一した計上および評価原則を確立するような目標を追求することも勧告する。これらの勧告は従来の EU 委員会の会計戦略に沿ったものである。

⑥ コンツェルンと結合しないが資本市場指向企業の場合，⑤の選択権は適用されず，連結決算書における資本市場指向的な親会社と同様に IAS が適用されるべきである。

⑦ 基準性原則は個別決算書に対して国際的な会計原則を完全に受入れることと対立する。DSR は，ドイツについて，個別決算書に IAS を適用で

きるようにするため，HGB 第三編第二節（第 242 条～第 256 条）に倣って税務会計に対する独立した法的基礎をつくり，基準性原則に代替することを勧告する。
⑧ 個別決算書における国際的に認められた会計原則の適用には，基準性原則が独立した税法規制によって置き換えられるまでの移行期間が必要である。
⑨ ⑤で述べた一般的選択権を設定する場合，資本市場指向的でない企業および連結決算書に組み入れられない子企業に関して，そうした企業が個別決算書において従来の EU 指令を適用し，税務貸借対照表（決算書）と広範囲に一致した個別決算書を作成できるような加盟国選択権が準備されるべきである。

　ドイツの会計制度の特徴は「商人の基本法（Grundgesetz des Kaufmanns）」と呼ばれる商法を中心にして会計法体系の法的安定性と法的秩序を保持してきたところにある。しかし，1990 年代の改革をつうじて，商法会計法の体系は上場資本会社に対する規制緩和をつうじて分岐化し，会計実務に対する法的不安定性をもたらした。また，一世紀以上の歴史をもつ基準性原則（商法確定決算基準）にも揺らぎが生じてきていた。こうした状況下にあって，EU の会計統合戦略と EU 会計指令の現代化に対して DSR の示した基本的立場はドイツ会計法制の「聖牛（heilige Kuh）」とすらいわれる基準性原則を見直し，連結決算書だけでなく個別決算書にも「国際的に認められた会計原則」の適用を認めようとするものであったといえよう。

(3) IAS/IFRS 適用と EU 修正指令の国内法化について

　DSR は，IAS 適用命令および EU 会計指令修正提案に「EU における決算書監査人の独立性についての委員会勧告―基本原則―」（2002 年 5 月 16 日付）を加えた 3 つの EU ドキュメントに対してそれが会計に関連するものに限っての意見書[56]を 2002 年 10 月 24 日，連邦法務省に送付した。この意見書は，会計国際化にあたって IAS/IFRS 適用と EU 修正指令の国内法化を目前にして，

ドイツがどのように取り組んでいくのかを示した格好の素材であるといえるだろう。

以下，IAS/IFRS 適用と EU 修正指令に関連した DSR 意見書の主要なところを示せば次のようになる。

① IAS 適用命令について

DSR は，IAS 適用命令にともなう資本市場指向コンツェルンに対する会計の前進とそれを上回る適用の可能性に賛同する。DSR は年度決算書に IAS を適用することによって課税，資本維持，配当等に関して生ずる問題を自覚している。しかし，商法上の（連結）会計が一層発展するという任務を第一と考えている。伝統的な年度決算書および連結決算書に帰属する諸任務からすれば，異なる会計基礎を定め許容することを正当化することも出来る。しかし，年度決算書における事実関係を連結決算書と異なり説明するためには，多様な事実関係に対する説明要請に応えなければならず，多大な費用も要することになる。HGB 第 292a 条が指示した連結決算書に対する期限付（2004 年末）の HGB 会計規定の免責規定は，国際市場で上場する資本市場指向親企業の要請と税法および会社法の包括的改革に対する時間要請との間の妥協を示している。長期にわたって，DSR は年度決算書および連結決算書に対する統一的商法会計を追求してきた[57]。

② 連結決算書について

DSR は，ドイツ連結会計規定の国際化が資本市場指向企業に限定されずに連結会計義務あるすべての企業に関わることに賛同する。ドイツや欧州の企業の連結決算書の相互の比較可能性はその進展に対抗するすべての議論に対して優位性をもっている。2004 年末までに連結会計に関するドイツ基準を国際的基準に適合させるという立法者の意思は実現されるべきである。さらに，連結決算書の作成前提が EU 第 4 号指令の国内法転換にもとづいているために，現行 HGB 第 290 条から 296 条までの法文と国際基準と比較して，指令修正提案の適用範囲において説明されるべき一連の免責規定が生ずる。HGB 第 293 条の規模依存的免責は，連結会計基準の収斂という目標を無視することなく，小

規模コンツェルンの過度の負担を回避するために維持されることになる。さらに，非資本市場指向企業にとって 2005 年を越える移行規定が望ましいことが考えられるにせよ，ドイツ商法にもとづく連結会計から IAS にもとづく連結会計への移行に対する準備作業はこの期限以上に引き延ばすことは実行可能でない。DSR は，連結会計義務の業種特有の形成に対して反対する。通常，銀行および保険の場合，2005 年までに IAS の適用が強制される取引所上場コンツェルンが対象である。資本市場指向企業のみに連結決算書に対する IAS 適用義務を当該集団との議論によって根拠づけるべきならば，非資本市場指向企業には少なくとも選択権が付与されなければならない。国際的に理解しやすい情報も利用しうるという欲求は資本市場で広範に活動する企業に限定される。したがって，移行時点に取引所参入を計画する場合の転換作業に関連する企業に対して，選択権による免除が付与される [58]。

HGB 第 292a 条に適用される資本市場指向企業の定義が IAS 適用命令より広く解釈され，その結果，たとえば，IAS 適用命令の適用領域を最小限に設定する場合，非資本市場指向持株会社が第 292a 条の適用期限の経過した後に再び HGB に回帰することを指摘しなければならない [59]。

③ 個別決算書について

税法および会社法の領域の未解決問題，情報の比較可能性，異なるシステムにもとづくパラレルな会計と結びつく費用といった年度決算書および連結決算書における会計の統一的基礎に対する議論を考慮したうえで，DSR はコンツェルン結合のない資本市場指向企業および連結決算書の被組入企業が IAS にもとづき自身の年度決算書を作成しなければならないことに賛成する。配当抑制等の補完措置はいずれにせよ，規制されなければならない。長期的には，ドイツ商法決算書でなく IAS 決算書を選択するどんな企業も妨げを生じなくなろう。DSR は会社法および税法における改革の促進が重視されることを希望する [60]。

④ 移行規定について

DSR はドイツ企業に対する移行規制における 2 つの加盟国選択権（会計指令

の既存の選択権とIAS適用命令の新規選択権）を継続させることを提案する。基本的にはすべての資本市場指向企業に対する統一的な透明性要請が適用されるべきである。組織化された市場に負債証券が取引認可される企業はたしかに，HGB第292a条の適用領域を確定する場合，同等の取り扱いを得たいとしている。IASの適用領域は資本市場の金融商品のどれが認可されるかによって相違する。今行われている改訂作業の観点からは，移行期間が正当化され得る。また，IASとUS-GAAPの統一への努力が先行しており，2007年までにIAS決算書とUS-GAAP決算書との調整計算表は不必要となるべきである[61]。

⑤ EU会計指令修正について

DSRはすべての会計指令の適用を，したがって，銀行についても修正が実施されるべきことを改めて指摘する。会計指令の修正を制限することは，たとえば，EU第2号指令にもとづく利益処分および資本維持にも該当するために，コンフリクトのないIASの適用を可能とするという設定された目標に適合しないことをいま一度，指摘したい。指令提案に組み込まれた新規の加盟国選択権の転換は，既存の加盟国選択権が会計国際化の目標に対して今後も正当化されるか否かについて批判的に吟味する契機を与えるだろう。その場合，本質的に，選択権の正当性が吟味されなければならない[62]。

お わ り に

ドイツにおいては，2004年12月に会計法改革法（BilReG）が施行された[63]。この会計法改革法は，EUの会計統合戦略としてEU委員会が公布した4つの法文書，すなわちIAS適用命令，規模基準値修正指令，現代化指令，公正価値指令を条項法としてドイツに転換したものである。ただし，EUが加盟国に付与した計上・評価選択権の行使や公正価値評価等の諸課題の実質的対応については，ドイツの場合，BilReGではなく，今後，策定される会計法現代化法（BilMoG）に委ねられている。とくに，商法上の個別決算書については，BilReGは形式的および実質的会計政策に影響する規制をほとんど含まず，その具体的法改正については会計法現代化法の策定をまってはじめて明らかにな

るといわれている[64]。したがって，EU とドイツの会計改革はいまだ発展の途上にあるが，2005 年からの IAS/IFRS 適用に際しての法施策の基盤は整えられたといってよい。

　さて，すでに述べたように，ドイツの国際化を目指した会計改革は，とくに 1993 年以降，国際化実務の進展，IAS/IFRS 適用に向けてのドイツ商法免責条項（開放条項）の経過措置，IAS/IFRS の実質的導入という 3 つの転換局面を迎えてきた。そして，その中心にあるのが連結会計への IAS/IFRS 導入のための法（会計基準）整備である。こうしたドイツのほぼ 20 年に及ぶ会計改革の根底にあるのが，EU における統一した金融サービス市場の達成と国際的会計基準（IAS/IFRS）の導入という統合戦略とアクションプラン（行動計画）である。ドイツの会計制度は，そうした EU 戦略の枠組みのなかで，国際金融サービス市場に適応するアングロサクソン型の資本市場指向の会計制度に急速にシフトしてきた。ただし，EU とドイツの会計改革は，EU とその加盟国の公益を前提に，各加盟国が長い歴史をつうじて構築した既存の会計制度とアングロサクソン的個性との「調和と対立」の構図のなかで展開されている点に留意する必要がある。

　すでにみてきたように，ドイツの場合，DSR の会計改革に対する意見は，たしかに EU の提起した資本市場指向型の会計改革に主要国として積極的姿勢（とくに連結会計に対して）をみせている。しかし，そこには非資本市場指向の中小会社の会計問題や個別決算書への IAS/IFRS 適用；個別決算書の利益（配当）測定基礎あるいは基準性原則（商法確定決算基準）などに係わる会計制度のドイツ的個性をどのように補填し，そのうえで統一会計基準としての IAS/IFRS との調和を図るのかが絶えず，問われている。そして，これらの問題は，IAS 適用命令を実質的に転換した BilReG においても解消されず，2005 年以降の会計改革（会計法現代化法）に委ねられている。それは，一国の会計制度が，グローバル化した経済と市場に対して国家の概念を捨象して世界的規模で機能する側面と，それと同時に一国の会計制度が配当や税の決定に対していかに当該の国家的社会的施設として会計機能を果たしているのかという側面

についての複眼的な分析視点をもつ必要性を含意している。本書は，そうした視点を念頭におきながら，EUとドイツの会計国際化戦略を検討することを目的とするものである。

注
（1） Pellens/Fülbier/Gassen［2004］, S. 51.
（2） Vgl., Deutscher Bundesrat［1998b］.
（3） Vgl., Deutscher Bundesrat［1998a］.
（4） Vgl., EU［2002a］,
（5） 一般的に，IASおよびIFRSという場合，IFRIC（国際財務報告解釈指針委員会）ならびにSIC（解釈指針委員会）の解釈指針を含み，これら国際的会計基準すべての上位概念として，単にIFRSないしIFRSsと略称することが多いようであるが，以下ではIAS/IFRSの略称を用いることにし，EUの「IAS適用命令」などの固有名詞および引用文献の訳出箇所については，原語および原文に従いIASないしIFRSのみの表記をそのまま使用している。
（6） Vgl., Bundesgesetzblatt［2004］.
（7） なお，現時点におけるBilMoGの策定作業は，ドイツ会計基準委員会（DRSC）が『会計法現代化法に対するドイツ基準設定審議会の提案』を2005年5月3日に公表するにとどまり，具体的な法案までには至っていない。Vgl., DSR［2005］.
（8） Vgl., Kommission der EU［1999］.
（9） Ebenda, S.1－12.
（10） Vgl., Kommission der EU［1998］.
（11） なお，筆者は，この「金融サービス：行動大綱の策定」と「金融サービス：行動計画」ならびに次節で検討するEUの会計統合戦略について，すでに佐藤誠二［2001］の序章（10～15頁）において，若干の考察を行った。本書での考察は，その部分を現時点の観点から大幅に加筆し書き改めた再論である。
（12） Kommission der EU［1998］, S. 11－12.
（13） Kommission der EU［1999］, S. 6.
（14） Vgl., Kommission der EU［2000］.
（15） Vgl., Kommission der EU［1995］.
（16） Kommission der EU［2000］, S. 2, S. 11.
（17） Ebenda, S. 2, S. 11
（18） EUにおける2005年1月からのIAS/IFRS導入の問題に関しては，佐藤誠二［2005b］第2章を参照されたい。
（19） Vgl., EU［2001］.　（20） Vgl., EU［2000］.　（21） Ebenda, S. 2.
（22） Ebenda, S. 4.　（23） DRSC［2001］, S. 2　（24） Vgl., EU［2003a］.
（25） Vgl., EU［2002b］.　（26） Ebenda, S. 1.　（27） Ebenda, S. 4.
（28） Vgl., EU［2002a］.　（29） Ebenda, S. 2.　（30） Ebenda, S. 2.
（31） Vgl., EU［2004a］.　（32） Vgl., EU［2003b］.

(33) Vgl., Kommission der EU [2001]. (34) Ebenda, S. 2-3.
(35) Ebenda, S. 3. (36) Ebenda, S. 5. (37) Vgl., EU [2004b].
(38) Vgl., Kommission der EU [2003]. (39) Ebenda, S. 3.
(40) Ebenda, S. 3-4. (41) Vgl., Bundesgesetzblatt [2002].
(42) Vgl., DRSC [2000b]. (43) Ebenda, S. 1-2. (44) Ebenda, S. 2.
(45) Ebenda, S. 2 (46) Ebenda, S. 2-3 (47) Ebenda, S. 3.
(48) Ebenda, S. 3. (49) Ebenda, S. 4. (50) Vgl., DRSC [2000a].
(51) Ebenda, S. 2. (52) Ebenda, S. 3. (53) Ebenda, S. 3.
(54) Vgl.,DRSC [2000c]. (55) Ebenda, S. 2-4. (56) Vgl., DRSC [2002].
(57) Ebenda, S. 1. (58) Ebenda, S. 2. (59) Ebenda, S. 2.
(60) Ebenda, S. 3. (61) Ebenda, S. 3. (62) Ebenda, S. 3.
(63) 会計法改革法（BilReG）の成立経過，内容およびその問題点については，佐藤誠二 [2005a] を参照。
(64) 会計法改革法（BilReG）以降の個別決算書を巡る課題については，佐藤誠二 [2006] を参照。

参 考 文 献

Bundesgesetzblatt [2002], Transparenz- und Publizitätgesetz vom 19.07.2002, BGBl Teil I, S. 2681-2687.
Bundesgesetzblatt [2004], Gesetz zur Einfürung internationaler Rechnungslegungsstandards und zur Sicherung der Qualität der Abschlussprüfung (Bilanzrechtreformgesetzes-BilReG) vom 04. 12. 2004,Teil I, No. 65, S. 3166-3182.
Deutscher Bundesrat [1998a], Gesetzesbeschluß der Deutscher Bundestages, Gesetzes zur Kontrolle und Transparenz im Unternehmensbereich (KonTraG), Drucksache 203/98 vom 06. 03. 1998, S. 1-18.
Deutscher Bundesrat [1998b], Gesetzesbeschluß der Deutscher Bundestages, Gesetz zur Verbesserung der Wettbewerbsfähigkeit deutscher Konzerne an Kapitalmärkten und Erleichterung der Aufnahme von Gesellschafterdarlehen (Kapitalaufnahmeerleichterungsgesetz- KapAEG, Drucksache 137 vom 13. 02. 1998, S. 1-25.
DRSC [2000a], Vorschläge zur Reform der 7. EG Richtlinie, Stand 24. Juli 2000, S. 1-9.
DRSC [2000b], Mitteilung der Kommission an den Rat und das EP über eine neue Rechnungslegungsstrategie der EU: Künftiges Vorgehen, 21. September 2000, S. 1-4.
DRSC [2000c], Vorschläge zur Reform der 4. EG-RL, Stand 07. Dezember 2000, S. 1-14.
DRSC [2001], Aufforderung zur Stellungnahme durch den Deutschen Standardisierungsrat (DSR) zu Vorschlag der Umsetzung der EU-Fair-Value-Richtlinie in deutsches Recht, 11. 20. 2001, S. 1-13.
DRSC [2002], EG-Verordnung vom 07. Juni betreffend die Anwendung internationaler Rechnungslegungsstandards, Vorschlag der Kommission vom 28. Mai 2002 für eine Richtlinie des europäischen Parlaments und des Rates zur Änderung der

第1章　EUの会計統合戦略とドイツの対応　　*35*

Richtlinien 78/660/EWG, 83/349/EWG und 91/674/EWG über den Jahresabschluss und den konsolidierten Abschluss von Gesellschaften bestimmter Rechtsformen sowie Versicherungsunternehmen, Empfehlung der Kommission vom 16. Mai 2002 zur Unabhängigkeit des Abschlussprüfer in der EU- Grundprinzipien, 24. Oktober 2002, S. 1-7.

DSR [2005], Vorschläge des DSR zum Bilanzrechtsmodernisierungsgesetz 03. 05. 2005, S. 1-43.

EU [2000], Richtlinie des Europäischen Parlaments und des Rates zur Änderung der Richtlinien 78/660/EWG, 83/349/EWG im Hinblick auf die im Jahresabschluss bzw. im konsolidierten Abschluss von Gesellschaften bestimmter Rechtsformen zulässigen Wertansätze, Kommission der EU, KOM (2000) 80 endgültig 200/0043 (COD), 24. 02. 2000, S. 1-23.

EU [2001], Richtlinie 2001/65/EG vom 27. 9. 2001 des Europäischen Parlaments und des Rates zur Änderung der Richtlinien 78/660/EWG, 83/349/EWG und 86/635/EWG des Rates im Jahresabschluss bzw. im konsolidierten Abschluss von Gesellschaften bestimmter Rechtsformen und von Banken und anderen Finanzinstituten zulässige Wertansätze, Amtsblatt der EU, Nr. L283 vom 27. 10. 2001, S. 28-32.

EU [2002a], Verordnung (EG) Nr. 1606/2002 des Europäischen Parlaments und des Rates vom 19. 7. 2002 betreffend Anwendung internationaler Rechnungslegungsstandards, Amtsblatt der EU, L 243/1-4.

EU [2002b], Vorschlag für eine Richtlinie des Europäischen Parlaments und des Rates zur Änderung der Richtlinien 78/660/EWG, 83/349/EWG und 91/674/EWG über den Jahresabschluss und den konsolidierten Abschluss von Gesellschaften bestimmter Rechtsformen sowie Versicherungsunternehmen, KOM (2002) 259, 2002/0112 (COD), 28. 05. 2002, S. 1-28.

EU [2003a], Richtlinie 2003/51/EG des Europäischen Parlaments und des Rates vom 18. Juni 2003 zur Änderung der Richtlinien 78/660/EWG, 83/349/EWG, 86/675/EWG und 91/674/EWG über den Jahresabschluss und den konsolidierten Abschluss von Gesellschaften bestimmter Rechtsformen, von Banken und anderen Finanzinstituten sowie Versicherungsunternehmen, Amtsblatt der EU, L 178/16-22.

EU [2003b], Richtlinie 2003/71/EG des Europäischen Parlaments und des Rates vom 04. 11. 2003 betreffend den Prospekt, der beim offentlichen Angebot von Wertpapieren oder bei deren Zulassung zum Handel zu veröffentlichen ist, und zur Änderung der Richtlinie 2001/34/EG, Amtsblatt der EU, L345/64-82.

EU [2004a], Verordnung (EG) Nr. 707/2004 der Kommission vom 6. April 2004 zur Änderung der Verordnung (EG) Nr. 1725/2003 betreffend die Übernahme bestimmter internationaler Rechnungslegungsstandards in Übereinstimmung mit der Verordnung (EG) Nr. 1606/2002 des Europäischen Parlaments und des Rates,

Amtsblatt der EU, L111/3-17.
EU [2004b], Richtlinie 2004/109/EG des Europäischen Parlaments und des Rates vom 15. 12. 2004, Zur Harmonisierung der Transparenzanforderung in Bezug auf Informationen über Ermittenten, deren Wertpapier zum Handel auf einen geregelten Markt zugelassen sind, und zur Änderung der Richtlinie 2001/34/EG, Amtsblatt der EU, L 390/38-57.
Kommission der EU [1995], Mitteilung der Kommission, Harmonisierung auf dem Gebiet der Rechnunglegung, eine neue Strategie im Hinblick auf die internationale Harmonisierung, KOM 95 (508) DE, 1995, S. 1-14.
Kommission der EU [1998], Mitteilung der Kommission, Finanzdienstleistungen: Abstecken eines Aktiontrahmens, KOM (1998) 625, 28.10. 1998, S. 1-28.
Kommission der EU [1999], Mitteilung der Kommission, Finanzdiestleistungen: Umsetzung des Finanzmarktrahmens: Aktionplan, KOM (1999) 232, 11. 05. 1999, S. 1-30.
Kommission der EU [2000], Rechnungslegungsstrategie der EU: Künftiges Vorgehen, Mitteilung der Kommission KOM (2000) 359 vom 13. 06. 2000, S. 1-12.
Kommission der EU [2001], Vorschlag für eine Richtlinie des Europäischen Parlaments und des Rates über den Prospekt, der beim offentlichen Angebot von Wertpapieren oder bei deren Zulassung zum Handel zu veröffentlichen ist, KOM (2001) 280, 2001/0117 (COD), 30. 05. 2001, S. 1-54.
Kommission der EU [2003], Vorschlag für eine Richtlinie des Europäischen Parlaments und des Rates zur Harmonisierung der Transparenzanforderung in Bezug auf Informationen über Ermittenten, deren Wertpapier zum Handel auf einen geregelten Markt zugelassen sind, und zur Änderung der Richtlinie 2001/34/EG, KOM (2003) 138, 2003/0045 (COD), 26. 03. 2003, S. 1-70.
Pellens/Fülbier/Gassen [2004], Internationale Rechnungslegung, 5. Aufl., Stuttgart 2004.
佐藤誠二 [2001]『会計国際化と資本市場統合』森山書店，2001年。
佐藤誠二 [2005a]「ドイツ会計改革の進展と2005年以後の課題—会計法改革法と会計統制法を中心として—」『會計』森山書店，第167巻6号，2005年，32-47頁。
佐藤誠二 [2005b]「EUにおける会計2005年問題」川口八洲雄編『会計制度の統合戦略』森山書店，2005年，51-77頁。
佐藤誠二 [2006]「IAS/IFRS適用の個別決算書への影響—ドイツにおける『会計法改革法』以降の課題—」『産業経理』第65巻4号，2006年，22-30頁。

（佐藤　誠二）

第2章
ドイツの会計制度改革とIAS/IFRSの導入
―会計法改革法と会計統制法の制定―

は じ め に

　ドイツ会計制度改革は，どのような視点から捉えられるべきなのか。この点について，2つの視点があると考える。1つは，1985年商法改正から1998年商法改正を経て，2005年商法改正に至る20年間を経過してきたなかで，資本市場指向（Kapitalmarktorientierung）をキーワードとして，市場からの資本調達とコーポレート・ガバナンスを国際化（Internationalisierung）という要因に関連づけ，資本市場ルールの調和化・共通化論から捉えるという視点である。この限りで，ドイツ会計制度改革は，EU会計指令の国内法化からIAS/US-GAAPの適応条項の採用を経て，EU-IFRSの承認という国際化対応として特徴づけることができる。

　図表2-1は，1993年のダイムラー・ベンツのニューヨーク証券取引所上場にはじまるドイツの会計国際化の経過を概観的に示したものである。図表2-1を見て気づくことは，1998年の資本調達容易化法（KapAEG）と企業領域統制・透明化法（KonTraG）にいたる間は国際化対応が実務先行で進められ，これを受けて，1998年に法律改正を行って制度的対応を果たし，さらに，EU-IFRS承認に制度的対応を図って2004年に会計法改革法と会計統制法の改革が行われたという特徴的な歴史経過である。

　しかしながら，このような国際化対応の捉え方は，資本市場指向の国際会計基準（IAS/IFRS）に焦点を合わせた国際的合意ルールの国内法化という側面から見たドイツ会計制度改革の姿に過ぎない。資本市場指向のルールとしての

図表 2-1　ドイツにおける会計国際化の進展状況

1993 年	SEC の厳格な開示規制のもとでのダイムラー・ベンツの NYSE 上場
	プーマによる IAS 準拠の連結決算書の最初の公表
1994 年	バイエル・シェーリング，ハイデルベルクセメントによる HGB/IAS 準拠のデュアル方式の連結決算書の公表
1996 年	ドイツテレコム等のドイツ企業 4 社の NYSE 上場
1997 年	新興市場（Neuer Markt）の上場企業に対する IAS/US-GAAP の適用開始
1998 年	資本調達容易化法（KapAEG）のもとで HGB 第 292a 条により上場親企業に対し，IAS/US-GAAP 準拠の連結決算書作成を許容（免責条項の新設）
	企業領域統制・透明化法（KonTraG）のもとで上場親企業に対し，キャッシュ・フロー計算書とセグメント報告を義務づけ（HGB 第 297 条 1 項），プライベートセクターとしてのドイツ会計基準委員会の創設（HGB 第 342 条）
	DAX30 社の HGB 適用が 50% 以下に減少
1999 年	DAX100 社の HGB 適用が 50% 以下に減少
2000 年	資本会社 & Co.指令法（KapCoRiLiG）のもとで HGB 第 292a 条の適用を非上場企業にまで拡大
	IOSCO による IAS の条件付承認
	NYSE上場のドイツ企業が13社に増加
2002 年以降	SMAX 企業に対し，IAS/US-GAAP 適用を義務づけ
2004 年 1 月 1 日	金融商品の公正価値評価の EU 修正指令を国内法にはじめて変換
2004 年 12 月 31 日	HGB 第 292a 条の開放条項の失効
2005 年以降	資本市場指向の EU 企業の連結決算書に対し，IAS の強制適用

　国際会計基準（IAS/IFRS）の形成は，アングロアメリカの会計基準の国際的合意の仕組みのなかで財務報告の目的適合性と信頼性にもとづく投資家に有用な情報を提供するという概念フレームワークの論理を共有したドイツの国際化のための制度的対応を示したものであった。しかし，ドイツ会計制度改革のもう1つの側面は，資本市場指向ルール・IAS/IFRS を受け入れれば済むというものではなかった。IAS/IFRS の資本市場指向ルールとともに，資本維持・債権者保護の非資本市場指向の国内ルールをも包括した会計規範の体系を HGB 第三編に組み込んだ形の商法会計規範システムを再構築することが狙い

であった。

　ドイツ会計の社会的合意化装置の全体的な枠組みのなかで，国際化の制度的対応が受容されるという仕組みを再構築することがドイツ会計制度改革に求められたのである。

　この意味で，ドイツの視点から，この20年間にわたるドイツ会計制度改革を捉えなおすと，1980年代後半以降に生じた環境要因への変化のもとで，資本市場指向のIAS/IFRSの国際的なルールの合意形成の機構のもとで有力な権威の支持を得た形で，商法会計規範システムの再構築が図られ，ドイツとアングロサクソンの会計規範の混成システムの形成を図ったものと捉えることができる。

　本章は，ドイツ会計制度改革について，このような2つの視点から考察するものであるが，前者の視点にもとづき，まず，市場からの資本調達・企業統治・国際化の帰結として，アングロサクソンの資本市場指向の会計ルールの確立がいかにドイツの自国の利益の枠組みのなかで具体化されてきたをIAS/IFRSの会計基準の「規範形成（Normsetzung）」と「規範遵守・監視（Normdurchsetzung）」という論点から考察することからはじめる。2004年に成立した2つの法律，会計法改革法（BilReG）と会計統制法（BilKoG）の立法理由のなかに，本考察を支える有効な論証素材が提供されているのである。

　図表2-2は，本章で考察する内容の概要を表したもので，市場指向の会計ルールの規範形成と規範遵守・監視が資本市場における投資家の信用と財務報告の信頼性の保証を目標として，会計法改革法（BilReG）と会計統制法（BilKoG）に結実したことを示したものである。

第1節　ドイツ連邦政府の10項目プログラム

　ドイツ会計制度改革は，2004年の会計法改革法（BilReG）と会計統制法（BilKoG）に結実したが，その背景に関し，政府草案理由書は以下のように説明している[1]。

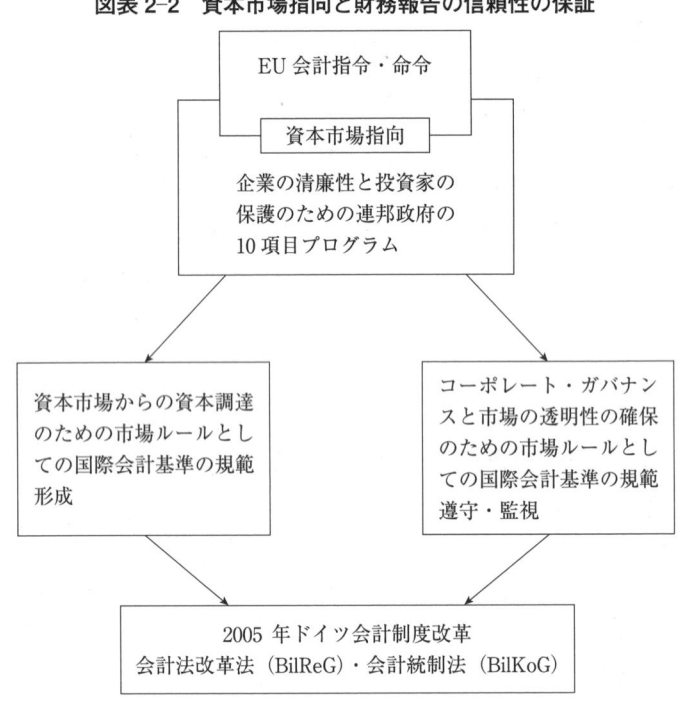

図表2-2 資本市場指向と財務報告の信頼性の保証

```
            ┌─────────────────────────┐
            │    EU会計指令・命令      │
            │  ┌───────────────┐      │
            │  │  資本市場指向  │      │
            │  └───────────────┘      │
            │  企業の清廉性と投資家の  │
            │  保護のための連邦政府の  │
            │  10項目プログラム        │
            └─────────────────────────┘
              ↙                    ↘
  ┌──────────────────┐      ┌──────────────────┐
  │ 資本市場からの資本調達│      │コーポレート・ガバナン│
  │ のための市場ルールと  │      │スと市場の透明性の確保│
  │ しての国際会計基準の  │      │のための市場ルールと  │
  │ 規範形成             │      │しての国際会計基準の  │
  │                      │      │規範遵守・監視        │
  └──────────────────┘      └──────────────────┘
              ↘                    ↙
            ┌─────────────────────────┐
            │  2005年ドイツ会計制度改革 │
            │ 会計法改革法（BilReG）・  │
            │ 会計統制法（BilKoG）      │
            └─────────────────────────┘
```

　会計法改革法（BilReG）の重点的な改正は，会計法と決算書監査（Bilanzrecht und Abschlussprüfung）にあった。前者の会計法に関しては，ECの4つの法行為に対するドイツ会計法の適応（Anpassung des nationalen Bilanzrechts an vier EG-Rechtsakte）にあった。

　―国際会計基準に関するEU議会・理事会命令（2002年7月19日のIAS適用命令）

　―特定の法形態の会社，銀行・その他金融機関，保険企業の年度決算書および連結決算書の指令の修正に関するEU議会・理事会指令（2003年7月18日の現代化指令）

　―ユーロ金額による特定の法形態の会社の年度決算書についての指令の修正に関するEU理事会指令（2003年5月13日の規模基準値修正指令）

―状況報告書と附属説明書に関する義務的な規定にのみ関連している EU 議会・理事会の 2001 年 9 月 27 日の公正価値指令

後者の決算書監査に関しては，決算書監査人の独立性の強化が HGB 第 319 条の規定の改訂と HGB 第 319a 条の新規の挿入によって図られた。HGB 第 319 条は，経済監査士または類似した者，被監査対象の会社，出資会社の間における人的，財務的および営業上の関係がどのような場合に決算書監査人から排除されるのかを規制している。

資本市場企業 (Kapitalmarktunternehmen) の決算書を決算書監査とならんで，独立した立場から監査し，連邦金融監督庁 (BaFin) によって臨時的な違反を監視するエンフォースメント (Enforcement) の導入が連邦法務省と連邦財務省が共通して所管している特別の立法行為の対象となっている。

この政府草案理由書から明らかなように，ヨーロッパにおける法行為を国内法化する形で，ドイツ会計制度改革が進められたということである。このことをより端的に示しているのが 2003 年 2 月 25 日に公表された連邦政府の 10 項目プログラム[2]である。これは，企業の信用と投資家の保護を強化するために連邦政府が採るべき行動計画を示したもので，図表 2-3 のような内容であった。

図表 2-3　連邦政府の 10 項目プログラム

1	会計に対する執行役会および監査役会の役員の個人責任と株式訴権の改善
2	資本市場の故意または重大な過失のある虚偽情報に関する投資家に対する執行役会および監査役会構成員の個人責任の採用と投資家の集団訴訟権行使の実施
3	執行役員の株式ベースもしくはインセンティブ報酬の透明化のためのコーポレート・ガバナンス規範の改訂
4	会計基準の開発と国際的会計原則への適応
5	決算書監査人の役割の強化
6	独立した機関による具体的な企業決算書の順法性の監視
7	証券取引所改革の推進と監督権の拡充
8	いわゆる灰色の資本市場における投資家保護の改善
9	財務アナリストと格付け機関による企業評価の信頼性の確保
10	資本市場領域における不法行為に対する罰則規定の強化

(出所) IDW [2005], S. 277-285. より作成。

会計法改革法（BilReG）と会計統制法（BilKoG）の2つの法律は，上記の連邦政府の10項目プログラムのうちの第4項目，第5項目，第6項目にもとづく立法行為であった。政府草案理由書によると，連邦政府の10項目プログラムは，高品質の，透明性のある，資本市場指向の会計基準形成を目指したものであるだけでなく，同時に，この会計基準の遵守の保証にかかわるメカニズムの改善と総体的に資本市場指向企業の決算書の質の向上と保証を目指すコンセプトの実現を図ったものである[3]。

図表2-4は，連邦政府の10項目プログラムにもとづくドイツ会計制度改革

図表2-4　連邦政府の10項目プログラムとドイツ会計制度改革

国際展開	国内展開
アメリカ・SOX法（2002年） EU公正価値指令（2001年） IAS適用命令（2002年） 規模基準値修正指令（2003年） 現代化指令（2003年） EU第8号指令修正（2004年） 透明化指令案（2004年）	法律の提出 企業領域統制・透明化法（1998年） 資本調達容易化法（1998年） 透明化・開示法（2002年） ドイツ・コーポレート・ガバナンス規範（2002年）

企業の清廉性と投資家保護の強化に関する連邦政府の10項目プログラム

法律の提出
2004年	会計法改革法
2004年	会計統制法
2004年	決算監査人監視法
2004年	投資家保護改善法
2004年	企業信頼性・取消権現代化法
2004年	投資家集団訴訟法
2005年	資本市場情報責任法
2005年？	会計現代化法

（出所）Steinmeyer, K. [2005], Anhang Ⅶ.

の立法行為を示したものである。図表2-4を見てわかるように，会計法改革法（BilReG）と会計統制法（BilKoG）において，会計と決算書監査の法的枠組みの最適化が具体化されたが，連邦政府の10項目プログラムで残された課題が会計法現代化法（BilMoG）のもとで検討されている。この会計法現代化法では，会計の領域において，現代化指令を超えて国際的な発展への商法会計法の適応を行い，公正価値評価の考え方に対する商法会計法の開放を図る現代化指令の選択権行使が含まれている。

第2節　ドイツのIAS/IFRS対応の会計制度改革

(1)　会計領域における改革

　会計法改革法（BilReG）の立法理由書は，会計領域に関する個々の論点として，①IAS適用命令，②現代化指令，③規模基準値修正指令，④公正価値指令の4つのEUの法行為の国内法化に関するドイツの対応の内容を明らかにしている。本節では，このうちのIAS適用命令に照準を合わせて考察をしたい。

　IAS/IFRSは，大陸ヨーロッパ，とくにドイツの会計原則と著しく違ったアングロアメリカの会計的伝統に依拠するものである。また，IAS/IFRSは，IOSCOとの2000年5月の合意で，国境を越えた証券取引所上場の認可目的のためのグローバル・スタンダードとして承認された。

　EUがIAS/IFRSの受け入れに動き出したのは，2000年のリスボン理事会と2001年ストックホルム理事会を経て設置された委員会の勧告にしたがったもので，有価証券市場の規制のために，2005年度を目標にEUにおける資本市場指向企業の連結決算書を国際的に認められた諸原則に適応させ，EUの有価証券市場のさらなる統合と域内企業のグローバルな資本市場における競争力の強化に資することが基本的な目標である[4]。これは，EUの新会計戦略と呼ばれる文書[5]が2000年6月13日に出されたことにもとづき，2002年7月19日のEUのIAS適用命令に結実した。この命令というのは，指令が加盟各国の立法選択権のもとで国内法に変換される仕組みになっていたのに対し，直接

に加盟国に適用される強制力がある点に特徴を有していた。

EU の IAS 適用命令は，この基本的な目標にもとづき，資本市場において有価証券発行をしている企業に対し，2005 年度以降，連結決算書に対し IAS/IFRS を適用することを義務づけているが，これ以外の非資本市場の企業の連結決算書およびすべての資本会社の個別決算書については，IAS/IFRS が選択適用とされるとした。加盟各国は，この限りで，IAS/IFRS の適用を国内規定するか，または企業選択権として認める可能性を有している。図表 2-5 は，この EU の IAS 適用命令の EU レベルにおける適用の概要を示している。

EU は，図表 2-5 のような内容で，IAS/IFRS の適用を EU レベルの国際的合意として導入することを命令した。その特徴は，資本市場指向企業の連結決算書にのみ強制適用を限定する一方で，非資本市場指向企業の連結決算書とすべての資本会社の個別決算書に関しては，IAS/IFRS の適用を加盟国選択権・企業選択権とした。このことに加えて，IAS 適用命令が重要な点は，IASB-IAS/IFRS から EU-IAS/IFRS への承認手続きをヨーロッパレベルにおけるエンドースメント・メカニズムとして構築し[6]，ヨーロッパの公共の利益等という判断基準を制約条件として，IASB-IFRS を EU-IFRS へと変換する会計基準の規範形成を示し，さらに加盟国立法選択権を国際的に合意することをつうじて，EU-IFRS の加盟各国の国内法化において，さらなる加盟各国の国益に沿う形での承認手続きを採ったのである。この意味から，エンドースメント・メカニズムがドイツ会計制度改革に及ぼした影響をドイツの視点からも考察することが重要である。

図表 2-5　IAS 適用命令の連結・個別決算書に対する IFRS 適用の概要

	資本市場指向企業	非資本市場指向企業
連結決算書	IAS 強制適用	加盟国選択権/企業選択権
個別決算書	加盟国選択権/企業選択権	加盟国選択権/企業選択権

(出所)　Baetge, J. [2004], S. 27.

政府草案理由書は，エンドースメント・メカニズムのなかで，ドイツ会計基準委員会（DRSC）のかかわり方が重要な役割を果たした点を指摘している[7]。

EUにおけるIAS/IFRSの受け入れは会計領域で私的な会計基準設定機関がますます重要性を占める発展のなかで行われている。会計基準のすばやい適応を伴った新しい傾向に反応するか，あるいはそのような傾向を先見的に考慮することができるような弾力的かつ実行可能な作業が期待されている。基準設定（Standardsetzung）の均衡は，幅広く，重要な利害関係者を含めた基準設定機関の構成によって，さらに，透明で，公的な審議を行う基準設定手続きによって行われる。ドイツ国内の枠組みのなかでは，企業領域統制・透明化法（KonTraG）によって，基準設定機関の活動に対する法的根拠（HGB第342条）が新設され，連結会計に関する基準の開発，企業会計法の領域における立法助言，国際的な委員会との協力におけるドイツ代表といった任務が与えられた。このHGB第342条にもとづき，連邦法務省からドイツの基準設定機関としての承認を受けたドイツ会計基準委員会（DRSC）が設置された。

このエンドースメント・メカニズムのなかで，政府草案理由書によれば，個々のIAS/IFRSの承認の手続きが組み込まれ，ドイツ会計基準委員会（DRSC）もその場に代表を送り，ドイツの主張を行った。政府草案理由書は，次のように述べている[8]。

IAS/IFRSの個別の適用については，IAS適用命令第6条によって，加盟各国の参加のもとにIAS適用命令の具体化と現実化にとって基礎的な法行為として役立つ特別な手続き（承認手続き/Komitologieverfahren）でEU委員会が決定する。このために，加盟各国の代表者が委員となった基準設定委員会が設置される。基準設定委員会の手続きに関し，1999年6月28日の承認決議（Komitologiebeschluss）の第5条が適用される。

基準設定委員会とともに，利害関係者の代表——とくに経済監査士と企業の会計人——からなる専門家委員会である欧州財務報告諮問グループ（EFRAG）が設置される。このEFRAGは，委員会に助言を与えるとともに，IAS/IFRSの新基準または改訂の作業過程で大きな影響を与えることができる。

現在有効な IAS/IFRS の大多数は，EU 議会・理事会の 2002 年の命令と一致して特定の国際会計基準の受入れに関する 2003 年 9 月 29 日の委員会命令によって EU 法に受け入れられた。図表 2-6 は，このような EU-IFRS の個別の承認手続きの仕組みを示したものであるが，この手続きを経ることで，ヨーロッパレベルにおける EU-IFRS の国際的合意に対する有力な権威の支持を確保できたのである（IAS/IFRS のエンドースメントの詳細については，本書第 3 章を参照）。

図表 2-6 から明らかなように，EU の IAS/IFRS の承認手続きは，EU 委員会のなかでの委員会，とくに EFRAG を軸に進展する仕組みになっている。EFRAG は同時に，IASB にも影響力を与えることができる組織として働いている。

しかし，より重要なことは，この EU のエンドースメント・メカニズムのな

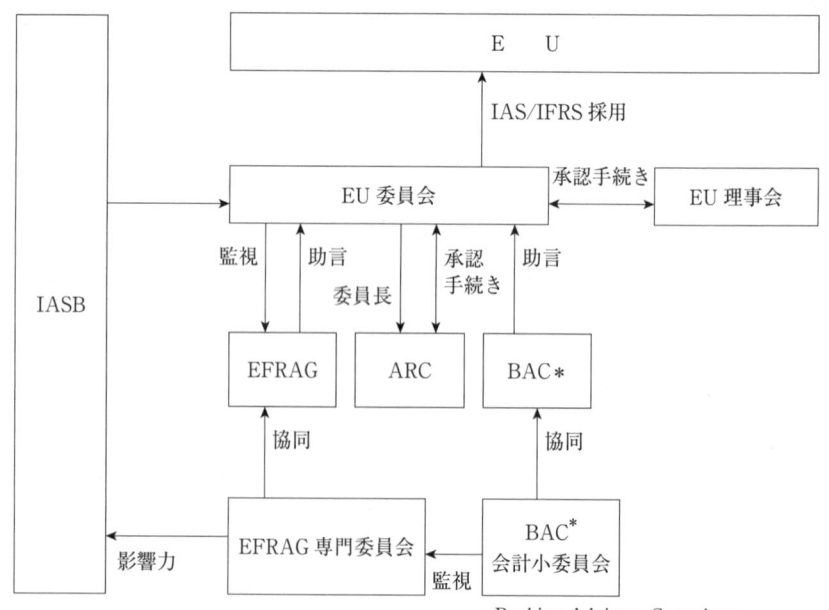

図表 2-6　EU における IASB-IAS/IFRS の承認手続き

*Banking Advisory Committee

（出所）Deutsche Bundesbank [2002], S. 46.

かで承認されたEU‐IAS/IFRSが具体的に適用されるためには，EUの加盟各国の国内法によって承認されなければならない点にあった。EUのIAS適用命令が加盟国選択権の行使を認めていることがこのことを明らかにしている。この結果，ドイツは，加盟国選択権の対象として，連結決算書と個別決算書に関するEU-IAS/IFRSの適用条件について，図表2-7のような具体的な対応方針を採っているのである。

政府草案理由書は，このようなドイツ法の状況を捉えて，次のような説明を行っている[9]。EUのIAS適用命令第5条によって，連結決算書に関し，IAS/IFRSを拡大適用するか，もしくは適用範囲を制限するかは加盟国の選択権に委ねられている。これを受けて，2003年2月25日の連邦政府の10項目プログラムにもとづき，本政府草案は，EU法に受け入れられたIAS/IFRSを連結決算書に適用する包括的な選択権をすべての企業に認めている。EUのIAS適用命令の強制的適用領域を越えたIAS連結会計処理の義務について，

図表2-7 会計法改革法（BilReG）によるEU–IFRSとHGBの適用状況

法形態	資本会社		人的会社・個人商人	
	資本市場指向	非資本市場指向	資本市場指向	非資本市場指向
連結決算書	IFRS強制適用	IFRS任意適用	IFRS強制適用	IFRS任意適用
個別決算書	HGB強制適用		HGB強制適用	

情報目的に関して追加的適用によるIFRS決算書
（HGB第325条＝公示目的のための選択権）

（出所）Kleekämper, H. [2005], S. 13.

規制市場での有価証券の上場認可を申請している親企業に対してだけ規定しようとしている。このため，現行の HGB 第 292a 条によってすでにこれまで一定の条件のもとで IAS 連結会計処理に関し可能であった資本市場指向企業に対し，最善可能な投資家の情報の利害に立って IAS の透明化への要請が強制されている。その他の，連結決算書の作成を義務づけられる多くの中小コンツェルンの親企業は，現行法を越えて，取引相手に対し，国際基準による連結決算書を公表する可能性を与えられている。

EU の IAS 適用命令の強制的適用領域を制限する可能性は，第 9 条にもとづいている。それによれば，加盟各国は，特定の資本市場企業に対し，EU の IAS 適用命令の初度の強制適用を 2 年間猶予することを許している。この猶予措置は，株式でなく，社債だけを発行しているか，もしくは EU 以外の国，とくに米国で有価証券を上場し，この目的のために，IAS/IFRS 以外の国際的に認められた基準，すなわち，US-GAAP によって会計処理を行っているような企業に適用される。このような決定は，すべての資本市場企業の連結決算書の完全な比較可能性を軽減してしまうことを意味しているが，2 年間の猶予期間については，該当する企業にとっての過大なコスト負担を回避するために妥当な猶予措置として支持する。

連結決算書に対する EU-IAS/IFRS の適用条件の差別化とともに，図表 2-7 に見るように，個別決算書については，EU の IAS 適用命令第 5 条は，個別決算書に対する IAS/IFRS 適用を行い，規定することを加盟各国に授権した。この個別決算書に関する適用条件について，政府草案理由書は，以下のような説明をしている[10]。

2003 年 2 月 25 日の連邦政府の 10 項目プログラムにおいてすでに，連邦政府が個別決算書における IAS/IFRS 適用を情報提供機能に限定して認めることを提案し，それ以外について，伝統的な商法決算書を作成することとしていた。本草案はこの提案に従っている。

このような制限を付す理由は，国際的基準がすべての面で適切とならない個別決算書の目的から来ている。IAS 決算書に認められる情報提供目的のほか

に，個別決算書が配当算定の基礎として（株式法第57条3項，第58条4項），さらに税務上の利益算定の基礎として（所得税法第5条1項1文）役立つためである。

配当算定の基礎として，IAS決算書はほとんど適切ではない。このことは，IASにおいて――情報提供目的を首尾一貫して遵守している――公正価値の考え方が未実現利益を認識するという結果を強調していることにもとづいている。このことが情報目的を考慮しているのに対し，未実現利益を株主に配当することの意義は低い。この点は，原則的に争うことがない。IASB自身も，このようなルールづくりが情報提供の目的にもっぱら限定されていると説明している。

同様に，IASは課税に対する基礎としても適していない。前述の未実現利益の認識は，給付に応じた課税の原則に従っていない。IASは，私的な委員会であるIASBによって決定されていることが決定的である。その限りで，税法に関しドイツの立法者が立法権限を部分的に解放し，私的な委員会に権限委譲することは考えられない。同様に，IASによる会計処理によって毎年変動する損益が適切な基礎とはいえない。納税者も国庫も計画の安定を要請し，税務上の負担の増大と国家の税収との間に明らかな利害関係を有している。

このことから，本草案は，2003年2月25日の連邦政府の10項目プログラムに一致して，以下のような結論を下している。

―個別決算書におけるIAS適用は，投資家およびその他の取引相手の情報の改善の目的のために任意ベースで行われる。

―情報提供のIAS個別決算書の公示に決定する企業は，これとともに会社法および税法の目的のために商法決算書を作成しなければならない。

―このような二重の会計処理に結びついたコスト負担は，HGB第267条3項の意味における大規模資本会社の場合に，連邦官報における公示がIAS決算書についてのみ必要とされることで軽減される。

―中小会社の場合に，IAS個別決算書に関する規制の対象から外される。これらの企業は，HGB決算書を引き続き商業登記所に備え付けることで公示しなければならない。これとともに，IAS決算書を作成し，任意の監査

を受け，取引相手に適切な形態で周知することが認められる。

これに代替する実行可能で，コスト軽減となる選択肢は，いまのところ明らかでない。そのような代替的選択肢は，会社法および税法の領域におけるHGB決算書の任務が他のものから引き受けられることを前提としている。

——会社法の領域で，配当を支払い能力テストにもとづく考え方がある。これは，企業が一定の金額の配当の場合に支払い義務を履行することができるかどうかに直接的に係わってくるであろうが，このような支払い能力テストに関する成熟し，負担可能な方法はいまだ定かでない。現時点では，ドイツの資本会社にとって債権者保護の基本的な目標を資本維持の原則から切り離すことを弁明することができないと思われる。このことは，EUのレベルで現行の法状況と一致していない。EU指令第15条は，株式会社に関し，資本維持の原則を規定し，年度決算書に結びつけている。

——独自の税務会計法の創設によって税務会計と商法会計の分離を行うことは現在のところ考えられていない。このことは唐突な制度転換を意味し，必要な法遵守によって企業は不相応に大きな負担を受けることになる。このことについて，配当算定のための強制監査の対象となる会社法上の特別な計算が必要となる場合に，独自の税務会計法が基本的にコスト軽減となり得るかどうか疑念を払拭できない。

以上を背景として，政府草案理由書は，個別決算書に対するIAS適用について，企業に対し大きな弾力性を認め，現行の企業会計法と会社法の体系のなかに組み込むような解決策を提示するとしていた。

(2) 決算書監査領域における改革

会計法改革法（BilReG）のもう1つの改正点は，決算書監査人の独立性・役割の強化にあった。HGB第319条の改正とHGB第319a条の新設の規定によって，決算書監査人の独立性の保証に関し，2003年2月25日の連邦政府の10項目プログラムの第5項目を具体化した。

政府草案理由書によれば，ヨーロッパ，アメリカ，ドイツの最近の国際的お

よび国内における決算書監査人の独立性・役割の強化に関する議論の発展が考慮に入れられた。

政府草案理由書は，ヨーロッパの刺激がドイツの立法行為に積極的に影響したことを挙げて，以下のように述べている[11]。

2002年6月16日にEU委員会がEUにおける決算書監査人の独立性に関する勧告を提出した。この勧告は，以下のような考え方にもとづいていた。強制的監査の場合の決算書監査人の独立性に関するヨーロッパの統一的な法設定に勧告が貢献するものである。一般的に，客観性と職業上の信頼が監査活動に対する基準である。

独立性の要請の具体化は，独立性に関するリスクを示す要因の定義づけに役立つ。このことについて，以下の点が挙げられる。

―監査対象の企業に対する監査人の自己利益と委任者による経済的圧力の行使の可能性（例として，監査対象企業に対する監査人の直接的または間接的な資本参加，委任者の監査報酬またはコンサルティング報酬への監査人の大きな依存）

―監査人が決算書監査の枠組みにおいて委任者に対する自己が行ったコンサルティング業務の成果を判断する場合の同一人による統制の危険

―監査人と長期間にわたる委任者の経営者との間の密接な信頼関係の侵害

このようなリスクに対し，EUの勧告は，決算書監査人と監査対象企業に保証措置をとる一連の指令を示した。しかし，EUの勧告は，透明性とセーフガードだけを求めているのではなく，以下のような監査対象企業に対する一定のサービス提供が許容されないことを明確にしている。

―会計資料と年度決算書の作成

―財務情報システムの開発と変換

―評価給付の提供

―委任者の内部監査への参加

この点とともに，EUの勧告は，特定の委任者の監査に従事する経済監査士の交代という内部における交代制に関する提案を行っている。さらに経済監査

士および経済監査法人の監査収入とその他の業務収入は一定の前提のもとで公示されるべきである。

　EU の勧告は，加盟各国の職業団体，監視・規制当局，さらに決算書監査人が統一的に解釈，適用することができる基本原則を規定したものと理解される。EU の勧告には，特定のコンサルティング業務が原則的に排除されるべきことが含まれている。EU の勧告は，そのほかに，各国の独立性基準がこの EU の基本原則を具体化するものであることも許容している。

　2004 年 3 月 16 日に EU 委員会は，決算書監査人に関する第 8 号指令を改訂する指令案を出した。決算書監査人指令の改訂に関する提案は，決算書監査人の独立性に関する原則も含んでいる。EU の勧告に盛られた基本原則が入っている。提案の第 23 条には，基本的ルールとして，独立性を危うくするような経済監査士と監査対象企業との間に財務上のまたは業務上の関係，雇用関係またはその他の関係が存する場合に経済監査士が決算書監査から排除されなければならないことが考えられている。加盟国は，この基本原則を国内法化することを配慮しなければならないし，EU の勧告を考慮して具体化が行われなければならない。完全な調和化というものは，指令によっていまなお意図されていない。公共の利益を有する企業に関し，提案の第 40 条は，独立性，とくに交代制についての追加的な規定を設けている。

　指令の提案に関する審議が始まったが，現在のところ，指令がいつ発効するかは定かでない。それにもかかわらず，本草案は，決算書監査人の独立性に関する規準を HGB に新たに設けている。HGB 第 319 条，第 319a 条についての規準案は，EU 委員会の指令案を指向している。このため，立法者として指令の発効を待たねばならないということは必要ではない。国内の規準の改正と指令の要請の具体化は，法の安定性を図り，監査対象の年度決算書の信頼性を強化するために必要である。

　ドイツの立法行為に対する影響は，このようなヨーロッパの刺激だけでなく，アメリカの立法行為からもあった。この点について，政府草案理由書は，次のように指摘している[12]。

アメリカにおいて，2002年7月30日に成立した決算書監査の質と決算書監査人の独立性の保証に関するサーベインス・オクスリー（Sarbanes-Oxley）法は，以下のことを考えている。

　—上場企業の決算書監査人の活動を監視する公開会社会計監視委員会（Public Company Accounting Oversight Board/PCAOB）の設置

　—監査業務と矛盾している数多くのコンサルティング業務の排除

　—監査対象の企業の最高執行役員またはその他の財務経理担当役員が過去12ヵ月以内に監査事務所側に雇用された場合の監査人の排除

　—取締役会の監査委員会による監査人の選任および監査対象の企業の取締役会の監査委員会に対する報告義務

以上のような対外的な要因からの影響を受けて，ドイツの発展が決算書監査人の独立性・役割の強化に及び，会計法改革法の成立をみたのである。このことに関し，政府草案理由書は，以下のような指摘をしている[13]。

2002年11月25日の連邦最高裁判所の判決は，決算書監査人の偏向（Befangenheit）に関する従来の原則を発展させ，どのような前提のもとで監査法人が決算書監査人となり得るかの問題に態度を表明した。

決算書監査とコーポレート・ガバナンス作業委員会がベェトゲ／ルッター（Baetge, J./Lutter, M.）教授の指揮のもとに大学教授，経済界，経済監査界，投資家，労働組合等の数多くの関係者の参加を得て，決算書監査人の独立性に関する勧告を行った。このなかで，監査業務を越えてコンサルティング業務を行う場合に，経済監査士を決算書監査人から排除することが勧告されている。

HGB第319条の改正案は，すべての法行為，勧告および判決にもとづく要素を受け入れている。偏向または偏向の恐れがある場合の一般的な基本原則の確定に意義があるが，しかし，それで充分ではない。決算書監査人の独立性は，いろいろの企業危機にもとづき注目されている。公開の議論は，明確で，明白な規準が資本市場の機能における信頼と決算書監査人の独立性を構築するために必要とされていることを示している。独立性に関する一般的な原則だけを具体化することはこのような要請に応えるものではない。HGB第319条，第

319a条のような明確な規準だけが充分な法的安定性を付与することができる。

政府草案理由書は以上のように述べ，HGB第319条，第319a条による決算書監査人の独立性について，監査対象企業の財務報告の信頼性が毀損されるような事態を避けるため，決算書監査人として排除する理由を拡大的に明定するとしている。

この決算書監査人の独立性との関連で，会計法改革法（BilReG）が提起しているのが同一人による監査の禁止（Selbstprüfungsverbot）というコンセプトであった。この同一人による監査の禁止というコンセプトについて，政府草案理由書は，以下のような説明を行っている[14]。

経済監査士が決算書監査人の業務とコンサルティング業務を同時に行うことを禁止する新しい規準の核心は，同一人による監査の禁止という点にある。決算書監査人の独立性は，決算書監査の枠組みのなかでコンサルティング業務の成果をあらためて再検査することによって侵害されるべきでない。コンサルティング業務を行う可能性がこの限りでたとえ将来的に制限されるとしても，このことは，決算書監査人として活動する宣誓帳簿監査人と経済監査士に監査対象の企業の側のコンサルティング活動がそれ以外について引き続き可能であるということを意味している。

決算書監査人の独立性と関連しているこれ以外の規準は，HGB第285条に見られる。

決算書監査人による監査役会の通知と取締役会と監査役会との協力に関する追加的な株式法の規定の挿入は，これに対し，断念されている。独立性の保証のための重要な前提は，監査役会が決算書監査人の当該企業に関し行うコンサルティング業務を含めた業務に関し，すべてを情報提供していることである。決算書監査人の独立性に関するEU委員会の勧告は決算書監査人による監査役会の詳細な通知を求めている。サーベインス・オクスリー法は，コンサルティング業務の決算書監査人に対する委託をすべて監査委員会が承認することを求めている。ドイツではそれにもかかわらず，すでにコーポレート・ガバナンス規範が，監査役会と監査委員会が決算書監査人の選任の提案前に，独立性を危

くし得るような監査人と監査対象企業との関係があるかどうか，そして場合によってはどのような関係があるのかを監査人の説明を求めるということを考えている。このような説明は，過去の事業年度になされたコンサルティング業務に対しても求められる。同様に，事業年度中における情報提供が行われるべきである。追加的に，株式法第111条4項は，特定の取引に関して定款または監査役決議によって監査役会の同意が考えられ得ることを示している。法律は，同意を必要とする取引のリストをなんら示していなかった。監査役会を統制活動の場合に支持し，その疑問のない独立した判断を信頼しなければならない決算書監査人に対する取締役会によるコンサルティング委託の付与は，特別な方法で同意の留保に適している。コーポレート・ガバナンス規範も，同意を必要とする取引のリストのフォーミュレートを指示している。

(3) エンフォースメント領域における改革

資本市場指向の会計・決算書監査のルールの国内法化を図るため，法的安定性の視点から，ドイツ会計制度改革の一環として会計法改革法が成立したが，このドイツ会計制度改革として，同時にまったく新たに示されたのがエンフォースメント（Enforcement）というコンセプトである。エンフォースメントとは，EU‐IAS/IFRS の会計基準の遵守を監視するという意味であり，会計基準の規範形成（Normsetzung）に対し，規範遵守の監視（Normdurchsetzung）を行うという概念である。ドイツでは，このエンフォースメントは，従来から私的なエンフォースメント（bisheriges privates Enforcement in Deutschland）として，取締役会による会計に対する指揮機能と責任（株式法第76条1項），監査役会による会計の監視と監査（株式法第111条1項），決算書監査による監査役会の支持と監査報告書の提出によって実施されてきたが，会計統制法（BilKoG）が導入したのは，新しいエンフォースメントモデルの採用（Einführung eines neuen Enforcement-Modells）によって，資本市場指向の財務報告の信頼性の危機に対処する新たな制度保証を具体化した，2段階方式のエンフォースメントのドイツモデルであった[15]。

政府草案理由書は，このエンフォースメントのドイツモデルを導入することについて，以下のような背景説明を行っている[16]。

連邦政府は，資本市場とドイツの金融拠点としての地位の国際的競争力を強化することを目標に定めた。有価証券買収・引受法，金融サービス監督法，第4次金融市場促進法の発効によって成果のある道が本草案につなげられた。過去3年間の発展は，引き続き取り組みが必要であることを示していた。国内および国内での企業不正事件（Unternehmensskandale）は，個々の企業の重要な資本市場の情報の公正性（Richtigkeit）に対する投資家の信頼だけでなく，市場全体の清廉性と安定性への信頼—それゆえに，金融拠点としての地位の信頼性—を損なっている。

政府草案理由書の指摘するように，ドイツの金融拠点としての地位そのものに対する危機感からいかに脱却するかということが政府の行動指針を呼び起こしたのである。政府草案理由書は，このことを意識して，以下のように述べている[17]。

資本市場における投資家の信頼の喪失を回復させ，持続的に強化することが連邦政府の目標である。このことを背景にして，2003年2月25日に連邦財務省は連邦法務省と協力して企業の清廉性と投資家の保護の強化のための10項目プログラムを公表した。連邦政府の10項目プログラムの基本的な要素は，会計のエンフォースメント（Enforcement der Rechnungslegung）である。エンフォースメントの概念のもとに，資本市場指向企業の企業報告書の監視が理解されなければならない。企業決算書・報告書の作成の場合の不正規性（Unregelmäßigkeit）を予防的に排除し，不正規性が生じる限りで，このことを明らかにして，資本市場にこのことを情報提供することが目標である。

この政府草案理由書からわかるように，ドイツでは，まったく馴染みのなかったエンフォースメントというコンセプトが公に使われ始めた。この結果，ドイツにおいて，図表2-8のような財務報告の信頼性を保証する明白な会計を支えるコーポレート・ガバナンス，監査の質，エンフォースメントというトライアングルが形成される仕組みが作り上げられたのである。

第2章　ドイツの会計制度改革とIAS/IFRSの導入　57

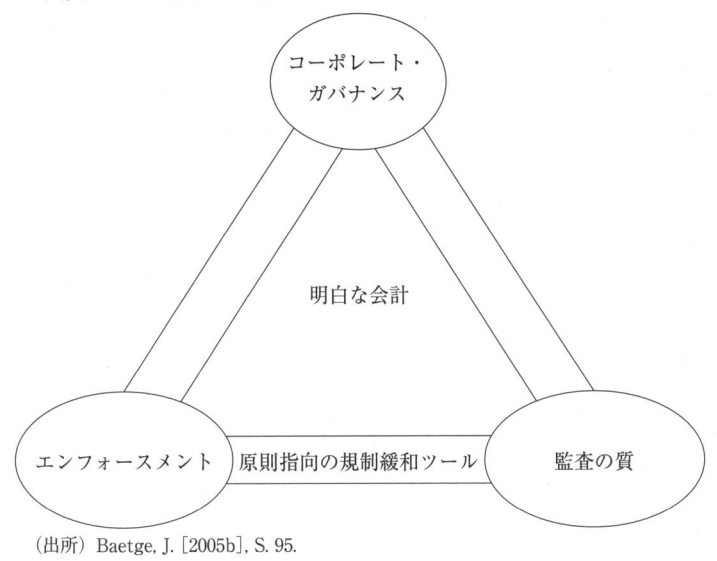

図表2-8　言明能力を有する会計を保証するトライアングル効果

```
              コーポレート・
               ガバナンス

                明白な会計

エンフォースメント ─原則指向の規制緩和ツール─ 監査の質
```

（出所）Baetge, J. [2005b], S. 95.

　この図表2-8に示されたドイツのエンフォースメントの仕組みとその意義について，政府草案理由書は，さらに続けて次のように述べている(18)。
　現在のところ，会計規定の遵守・監視に関するドイツのシステムは，基本的に決算書監査人と監査役会による年度決算書と連結決算書の監査を包括している。このほかに，年度決算書の無効に関する株式法の規定と罰則規定がある。決算書監査人と監査役会とともに，資本市場指向企業の報告書の公正性を監査する国家から委託された委員会は，ドイツではこれまでなかった。具体的な企業決算書の適法性の監視のためのこのようなメカニズムを導入することが本草案の目標である。
　会計規定の適法性の監視は，ドイツの資本市場の信用にとって大きな意義がある。効率的で，流動的に機能する資本市場は，市場参加者，投資家が公表した企業報告書の公正性について信用可能になることでのみ発展していく。粉飾決算を原因として，海外またはヨーロッパで起きた企業不正事件が資本市場の危機に極めて大きな影響をもたらしたということだけでなく，決算書の操作に

よって粉飾を行った個々のドイツの企業の危機もまた，資本市場の機能を著しく毀損した。投資家は，資本市場で自粛することで，このような不正事件に反応し，株式市場の危機がいっそう強まった。その結果，資本市場における流動性が低下した。

このような，政府草案理由書が示す危機感は，アメリカやヨーロッパ，さらにドイツで起きた上場企業の会計不正事件とそれに対する対応を背景としてのものであった。政府草案理由書は，この点について以下のように指摘している[19]。

アメリカは，2002年に—直接的にはエンロンの不正事件によって—投資家保護への措置を講じた。サーベインス・オクスリー法によって，証券取引委員会（SEC）の監視可能性が強化され，経理操作した企業に対する刑法上の処罰が強められた。

会計基準の遵守の監視のヨーロッパのシステムが異なっているとしても，金融市場の信用と投資家保護を強化するという目標はすべて一致している。2003年5月にヨーロッパのエンフォースメント・システムの形成に関する原則を提示したEUの証券規制当局である欧州証券規制当局委員会（CESR）もまたこの目標を遵守している。この原則は，ヨーロッパにおけるエンフォースメント・システムの統一的な発展に向けて示されたものである。それは，ヨーロッパにおける会計のエンフォースメントの調和化に対する基礎を形成し，会計基準の遵守の監視が国内レベルで継続的に行われることを目指している。

政府草案理由書によれば，このようなアメリカやヨーロッパでのエンフォースメント・システム構築のなかで，ドイツは，海外モデルの長短を検討した結果，2段階方式のエンフォースメントの採用（Einführung des 2-stufigen Enforcement-Modells）のドイツモデルを提起したのである[20]。

ドイツで計画されている2段階方式は，ヨーロッパで行われているシステムを組み合わせたものである。資本市場指向企業の会計を再検査する任務が連邦政府から—イギリスと同じように—私法上の委員会に委譲される。この委員会は，第1段階で，無作為抽出的に，さらに会計規定の違反がある場合や連邦金

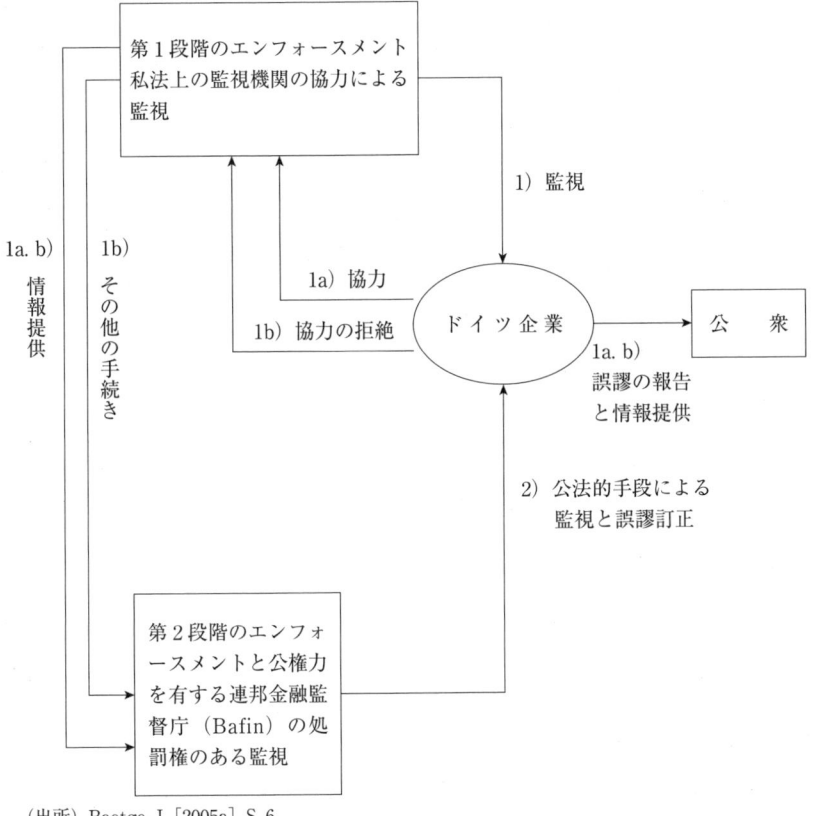

図表2-9 2段階方式のエンフォースメント・ドイツモデル

（第1段階のエンフォースメント：私法上の監視機関の協力による監視）

1a. b) 情報提供
1b) その他の手続き
1a) 協力
1b) 協力の拒絶
1) 監視
1a. b) 誤謬の報告と情報提供
2) 公法的手段による監視と誤謬訂正

ドイツ企業　公衆

第2段階のエンフォースメントと公権力を有する連邦金融監督庁（Bafin）の処罰権のある監視

（出所）Baetge, J.［2005a］, S. 6.

融監督庁（Bafin）の要請がある場合に活動する。会計の監査の場合に問題が発生するときは，連邦金融監督庁が第2段階として関与し，場合によって会計の誤謬の監査と公表に関し公権力をもって実行する。連邦政府は，資本市場に関し重要な問題に積極的に共同で係わる機会が参加者に与えられるべきであることから，2段階方式の採用を提案している。資本市場が機能することは，上場企業にとっても基本的な意義がある。関係する企業にとって，会計処理の問題に関する意見の相違を私法のレベルで専門家の委員会によって解決する可能性が形成される。

この2段階方式のエンフォースメント・ドイツモデルは，図表2-9のような仕組みである。

ドイツモデルとしての2段階方式のエンフォースメント・システムの確立によって，企業決算書の信頼性と明瞭性および真実性を担保し，最後に投資家の信用を確保するために大きな前進がなされるものと期待され，その結果，ドイツの金融拠点としての地位が明白に前進し，強化されるとドイツ政府は考えたのである。そして，このことがドイツの会計統制法の立法化における意図であった（ドイツの会計エンフォースメントの詳細については，本書第4章を参照）。

第3節　商法会計規範の包括的・混成的システム構築

以上は，IAS/IFRSのドイツにおける承認と監視のメカニズムという視点からみた会計制度改革であったが，このことをドイツの商法会計規範システムの枠組みのなかでの内的連携という視点から考察した場合は，どのような位置づけができるであろうか。この点の考察にあたっては，EU加盟各国に認められた立法選択権という概念装置が媒介環として重要な役割を果たすことになった。

1957年のEC条約にもとづきヨーロッパ共通経済市場の実現に向けた取り組みが始まり，その後，域内各国において異なる制度的な障壁を調整する試行錯誤が半世紀の歳月をかけて繰り返されてきた。このなかにあって，会計の領域においても，各国間の会計ルールの違いを取り除き，企業の財務報告の比較可能性を実現することが域内の資本市場・共通の経済市場を支える前提であるとの認識を加盟国が共有したが，その一方では，加盟国における自国権益を競う対立が解消せず，政治的妥協の産物として，EC会計指令（第4号，第7号，第8号）が成立した。

この会計指令を加盟各国の国内法として変換するため，ドイツは，1985年に会計指令法（BiRiLiG）・商法改正を行った。この限りで，会計指令への国際的調和化が図られたと評することができる。しかしながら，この指令の変換・

国際的調和化には，加盟国立法選択権というもう1つの顔があったことが重要なポイントである。

このEU域内における加盟各国の政治的妥協・加盟国立法選択権は，舞台を国際会計基準（IAS/IFRS）への戦略転換を行った後になっても，国際的合意のルールとしてヨーロッパ法行為の基本原則として確認されている。2005年ドイツ会計制度改革もこの加盟国立法選択権という法的枠組み条件にもとづき，EU-IAS/IFRSの国内法化へのドイツの戦略的対応を可能にしたのである。

同時に，この加盟国立法選択権は，ドイツ会計制度改革において，商法会計規範の法的安定性を確保することで，IAS/IFRS，US-GAAP，HGBがもたらす会計言語の混乱[21]を解消させる効果を期待せしめた有力な権威の支持を付与したと捉えることができる。

政府草案理由書によれば，会計法改革法（BilReG）と会計統制法（BilKoG）は，ドイツ基本法による連邦の立法権限にもとづく商法改正という立法過程を経たものである[22]。ドイツの立法過程の手続きは，連邦議会の審議をつうじて行われるもので，図表2-10に示すように，IAS/IFRSのドイツ法への変換もまた，会計法改革法（BilReG）と会計統制法（BilKoG）にかかわる連邦議会と連邦参議院の立法過程のもとで行われた。このことから，IAS/IFRSのドイツ法への変換の立法過程には，ドイツ自身の国益の判断が貫かれていた。

ドイツにあっては，投資家の保護と金融拠点としてのドイツの地位の競争力の強化は，統一的な連邦法の規準（einheitliche bundesgesetzliche Regelung）によって達成できるし，そのことが同時に，国家全体の利益にかなうと考えられる。

ドイツの国家全体の利益から，ドイツの金融拠点・資本市場としての国際的地位を高め，ドイツ企業の国際競争力を強化するという立場から，資本市場の情報の公正性と資本市場全体の信用と安定性をつうじて投資家の信用の強化を図るべく，現行の連邦法の改正と適応（Änderung bzw. Anpassung bereit bestehender Bundesgesetze）[23]として，会計法改革法（BilReG）と会計統制法（BilKoG）による制度改革を実施した。

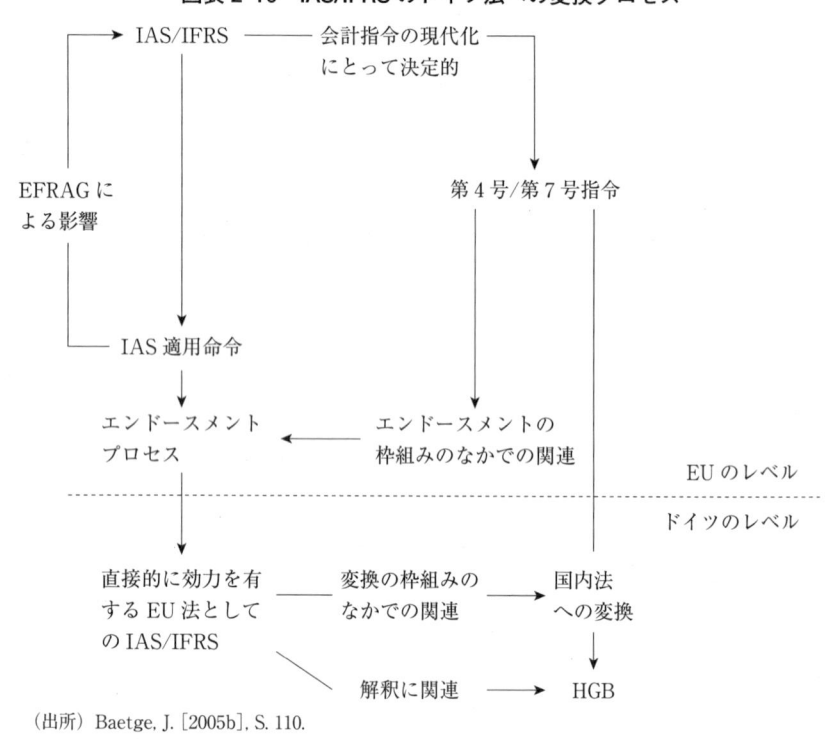

図表2-10 IAS/IFRSのドイツ法への変換プロセス

```
           IAS/IFRS ──── 会計指令の現代化
                         にとって決定的
                              │
                              ▼
EFRAGに                    第4号/第7号指令
よる影響
    │
    ▼
    IAS適用命令
    │
    ▼
エンドースメント ◀──── エンドースメントの
プロセス                枠組みのなかでの関連
                                            EUのレベル
- - - - - - - - - - - - - - - - - - - - - - - - - - - -
                                            ドイツのレベル
    ▼
直接的に効力を有 ──── 変換の枠組みの ──▶ 国内法
するEU法として        なかでの関連          への変換
のIAS/IFRS                                    │
          \                                   ▼
           \──── 解釈に関連 ──────────▶ HGB
```

(出所) Baetge, J. [2005b], S. 110.

　以上のように，政府草案理由書は，ドイツ自身の立法権限という視点から，資本市場指向の市場ルールの国内法として，会計法改革法（BilReG）と会計統制法（BilKoG）の改革を指摘しているが，このことは，立法愛国主義（Gesetzgebungspatriotismus）[24]と呼ばれる枠組みのもとで改革が進められたということであった。この点で，会計法改革法（BilReG）と会計統制法（BilKoG）が商法会計規範システムとしてのHGB第三編のなかで内的連携を保ちながら，包括的かつ混成的に組み込まれたことを見逃してはならない。図表2-11は，HGB第三編の体系的な法的構成を示したものであるが，そこでは，資本市場指向と非資本市場指向，大企業と中小企業，連結決算書と個別決算書に関する会計規範がHGB第三編に包括的に区分規定されていることがわか

図表 2-11　HGB 第三編における商法会計規範の包括的・混成的なシステム構築

HGB 第三編					
(1)	(2)	(3)	(4)	(5)	(6)
238-263条	264-335条	336-339条	340-341p条	342-342a条	342b-342e条
すべての商人に関する規定	資本会計・特定の人的会社に関する補完規定	登録組合に関する補完規定	特定の事業部門に関する補完規定	私的会計委員会，公的審議会	会計監査機関

238-341条	342-256条	257-261条	262-263条	264-289条	290-315a条	316-335条
帳簿記録棚卸	開始貸借対象表と年度決算書	証憑保存	州法	資本会社の年度決算書と状況報告書	連結決算書と状況報告書	その他の4つの節

242-245条	246-251条	242-256条
一般規定	計上規定	評価規定

264-265条	266-274a条	275-278条	279-283条	284-288条	289条
一般規定	貸借対照表	損益計算書	評価規定	附属説明書	状況報告書

(出所) Wöhe, G. [2005], S. 846.

る。

　この HGB 第三編の包括的・混成的な商法会計規範システムをさらに二元的な会計目的観から捉えたのが図表2-12である。ドイツ会計は，ステークホルダー（多様な利害関係者）に対し，支払測定目的と情報提供目的が重層的かつ体系的に連結決算書・個別決算書に差別的に結びつけられている。商法会計規範システムは，このようなステークホルダーと二元的な会計目的観を包括的・混成的に組み込むことで，それぞれの会計目的の差別化に対応して，会計認識・測定の個々の基準を包摂しているのである。

　IASB や EU の議会・理事会といった国際機構が IASB-IAS/IFRS，EU-IAS/IFRS に対する有力な権威の支持を付与するとともに，この国際的な有力な権威の支持を受ける形で，ドイツの商法会計規範システムの包括的・混成的

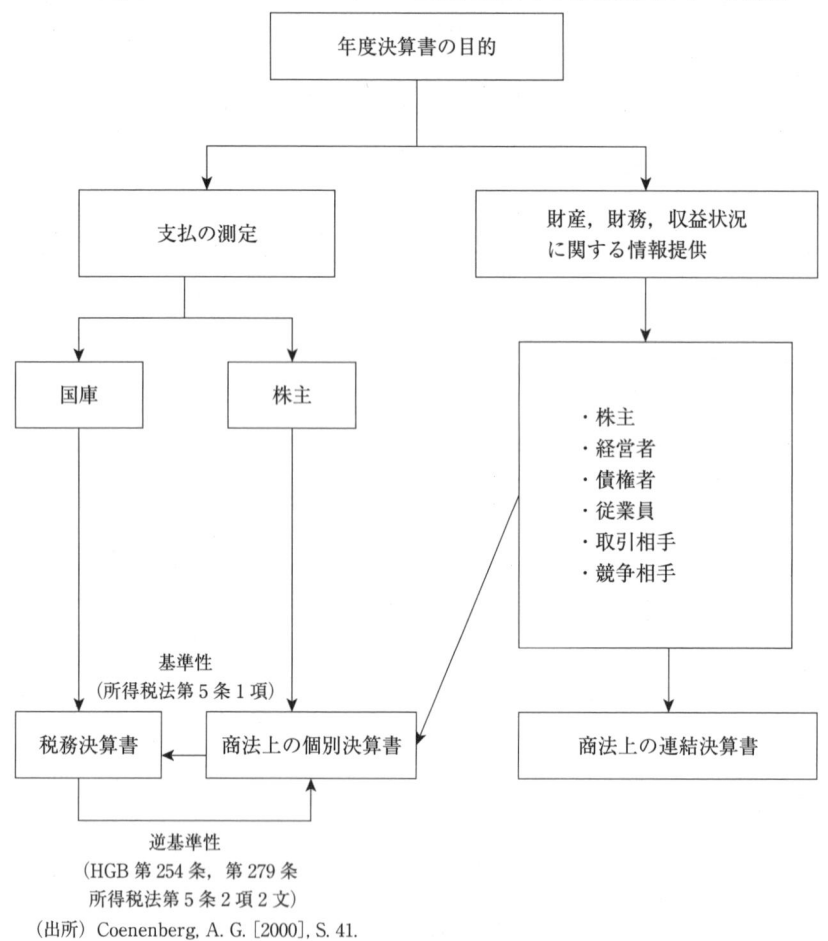

図表 2-12 ステークホルダーと支払測定目的と情報提供目的の体系化

```
                    年度決算書の目的
                   /              \
              支払の測定      財産, 財務, 収益状況
             /       \       に関する情報提供
          国庫      株主              |
                                ・株主
                                ・経営者
                                ・債権者
                                ・従業員
                                ・取引相手
                                ・競争相手
           基準性
       (所得税法第5条1項)
     税務決算書 ← 商法上の個別決算書    商法上の連結決算書
           ↑_____↓
           逆基準性
       (HGB 第254条, 第279条
        所得税法第5条2項2文)
```

(出所) Coenenberg, A. G. [2000], S. 41.

な体系を具体化したのである。

　この意味で, EU の IAS/IFRS 承認のプロセスがドイツの会計国際化対応の会計制度改革を促した動因であったとともに, このことを契機として, ドイツは, 商法会計規範の包括的・混成的なシステム再編に取り組み, HGB 第三編の立法愛国主義を継承したのであった。しかし, 会計法改革法 (BilReG) と会

第2章　ドイツの会計制度改革とIAS/IFRSの導入　65

計統制法 (BilKoG) の制度改革をもってしても，会計言語の混乱状況が解消されたとは言い難く，残された多くの課題が次のステージで議論されているのである。

注
(1)　IDW [2005], S. 32-45, S. 224-227.
(2)　Ebenda, S. 277-285.
(3)　Ebenda, S. 32-45.
(4)　Kommission der EU [2000].
(5)　Europäische Union [2002].
(6)　Buchheim/Gröner/Kühne [2004], S. 1783-1788.
(7)(8)(9)(10)(11)(12)(13)(14)　IDW [2005], S. 32-47.
(15)(16)(17)(18)(19)(20)　Ebenda, S. 224-227.
(21)　Pellens, B. [2004], S. 71.
(22)(23)　IDW [2005], S. 32-45, S. 224-227.
(24)　Niehus, R. J. [2000], S. 28.

参　考　文　献
Baetge, J. [2004], Übergang der Rechnungslegung vom HGB zu dem IFRS, Düsseldolf 2004.
Baetge, J. [2005a], Die Durchsetzung von Rechnungslegungsregeln durch die Deutsche Prüfstelle für Rechnungslegung, IFRS-Forum, 23. Juni 2005.
Baetge, J. [2005b], Anpassung des deutschen Bilanzrechts an internationale Standards, Düsseldorf 2005.
Buchheim/Gröner/Kühne [2004], Übernahme von IAS/IFRS in Europa: Ablauf und Wilkung des Komitologieverfahrens auf die Rechnungslegung, BB Heft 33, 2004, S. 1783-1788.
Coenenberg, A.G. [2000], Jahresabschluß und Jahresabschlußanalyse, 17. Aufl., Stuttgart 2000.
Deutsche Bundesbank, Monatsbericht Juni 2002 vom 14. 06. 2002, 54. Jahrgang, Nr. 6.
Europäische Union [2002], Verordnung (EG) Nr. 1606/2002 des Europäischen Parlaments und des Rates vom 19. 07. 2002 betreffend die Anwendung internationaler Rechnungslegungsstandards, ABl L 243 vom 11. 09. 2002, S. 1-4.
IDW [2005], Bilanzrechtsreformgesetz (BilReG), Bilanzkontrollgesetz (BilKoG), IDW-Textausgabe, Düsseldorf 2005.
Kleekämper, H. [2005], IFRS-Gibt es einer wirkliche Alternative ?, Seminar für Rechnungswesen und Prüfung, Prof. Dr. Dr. h.c. Wolfgang Ballwieser, LMU

München 26. Januar 2005.

Kommission der EU [2000], Mitteilung der Kommission an den Rat und das Europäischen Parlament vom 13. 06. 2000, Rechnungslegungsstrategie der EU: Künftiges Vorgehen, KOM (2000) 359, S. 1-12.

Niehus, R. J. [2000], Der Reformbedarf im deutschen Bilanzrecht, in: Kleindiek, D./Oehler, W., Die Zukunft des deutschen Bilanzrechts, Köln 2000.

Pellens, B. [2004], Internationale Rechnungslegung, 5. Aufl., Stuttgart 2004.

Steinmeyer, K. [2005], Neuenrungen zur Aufstellung und Prüfung von Einzelabschluss und Lagebericht nach dem Bilanzrechtsreformgesetz, Universität Hamburg 2005, Anhang VII.

Wöhe, G. [2005], Einführung in die allgemeine Betriebswirtschaftslehre, 22. Aufl., München 2005.

(木下 勝一)

第 *3* 章
EU における IAS/IFRS の承認メカニズムとドイツの論点
―エンドースメントの側面―

は じ め に

　会計基準のコンバージェンスに向けた議論が高まっている現在，それに少なからぬ影響を与えている欧州連合（以下，EU）の動きは見逃すことができない。EU においては，「国際的会計基準の適用に関する 2002 年 7 月 19 日付の EU 議会および理事会の命令」[1]（以下，IAS 適用命令）にもとづき，2005 年から域内市場での国際会計基準（IAS）／国際財務報告基準（IFRS）の適用が現実化している。その場合，注目すべきは，IAS 適用命令の施行を受けて 2005 年以降，EU 域内で通用する IAS/IFRS の性格が法的な観点からみて大きく変化したと考えられる点である。というのは，IAS/IFRS は無条件に EU 域内で適用されるのではなく，その前提として EU の機関を介した IAS/IFRS の検証・承認メカニズム，すなわちエンドースメントを経て，EU 法の体系に組み込まれる必要があるからである。つまり，EU における IAS/IFRS 導入の大きな特徴は，エンドースメントという特有の手続きを経由する点にあるといえよう。

　本章の目的は，とくに IAS/IFRS の承認メカニズム（エンドースメント）に焦点を当てることにより，EU で通用する IAS/IFRS の法的側面と，それから派生するドイツ会計制度上の論点を明確にすることである。その際，分析の順序として，まず IAS/IFRS の承認メカニズムの導入案が EU の一連の公的文書において浮上，そして具体化される経過を仔細に跡づける。次に，EU に承認された IAS/IFRS の法的側面に起因する新たな論点の確認を，ドイツの専門誌に発表された 2 つの所説を素材に試みる。

第1節　EU の公的文書にみる IAS/IFRS の承認メカニズム

(1)「会計領域の調和化：国際的調和化のための新戦略」(1995年)

EU 委員会が 1995 年に呈示した公式意見書「会計領域の調和化：国際的調和化のための新戦略」(以下,「新戦略」) は, IAS/IFRS を軸に展開する EU の会計国際化対応という観点からみたとき, EU の機関が将来の方向性を公式に表明したという点で重要な意味をもつ。すなわち, EU 委員会の「新戦略」においては, EU が IAS に接近する際の基本姿勢が明らかにされている。その要点は,「新戦略」によれば,「国際会計基準委員会 (IASC) のもとで進展している国際的調和化プロセスにおいて EU の比重を高めることである。最終的には, 国際的に資本市場により認められる会計基準を獲得することである。同時に EU は, 資本市場法の構成要素である会計の調和化に際し固有の利益を守らなければならない。したがって, 既存の IAS が EU 指令と調和すること, もしくは今後確定される IAS が EU 法に合致することを保証する措置を軌道に乗せなくてはならない。」[2]

このように, 1995 年の「新戦略」では, 会計基準の国際的調和に向けた IASC の取り組みを肯定したうえで, その活動 (ならびに IAS) への接近を図るスタンスが明確にされている。と同時に, EU の公益の確保を目的に, IAS と EU 指令の一致の検証作業の必要性が唱えられる。つまり EU 指令と IAS の一致の程度を調査し, 確認する作業こそが, EU の会計国際化戦略の不可欠な要件とされているのである。

さらに, こうした IAS への歩み寄りの場合, その検討の対象は連結決算書レベルに限定される点に留意しなければならない。すなわち,「新戦略」によると, 個別決算書は多くの加盟国において税目的の財政状態表示に直接関連するため, IAS と EU 指令の一致に関する検証作業は連結決算書に限定される。他方で, 個別決算書はその枠外に置かれる[3]。

したがって, 1995 年の「新戦略」の目指すところは, EU 独自の会計基準の

開発・設計を放棄したうえで，EU 指令の存続を前提に，EU 企業が統一的会計基準に準拠した連結決算書を作成するための解決策を講じることである。その場合，国際資本市場への参入を目指す EU 企業に対しては，アメリカの US-GAAP への準拠ではなく，世界的統一基準と目される IAS への準拠を要求するという形で，EU 会計制度改革の筋道が示されたといえる。

(2) 「金融サービス：行動大綱の策定」(1998 年)

EU の政策理念の解説を目的とした，1998 年の EU 委員会の公式意見書「金融サービス：行動大綱の策定」(以下，「行動大綱」)においては，上述の 1995 年の「新戦略」の構想を受けて，EU 上場企業の IAS 適用への具体化に向け，EU の会計指令と IAS とのコンバージェンス計画をより前進させる基本方針が表明されている。

「行動大綱」によれば，EU の資本市場統合計画の前提となる会計改革に関し，1999 年からの単一通貨ユーロの導入を機に，EU における会計調和化を一層促進させる必要性が唱えられている。たとえば，ニューヨーク証券取引所または NASDAQ に上場している EU 企業の数は，1990 年の約 50 社から 1998 年には 250 社に増加しており，当該企業が多様な決算書を作成する際に異なる会計基準を適用する必要がないよう，国際的会計基準へ EU 指令を適合させることが求められている[4]。その結果，EU 委員会は「取引所上場企業に—IAS のような—より調和化された枠組みに合致した年度決算書の作成を要求すべきかどうか検討する必要がある」[5]と。

この「行動大綱」において注目すべきは，EU の統一的金融サービス市場の実現に向けて，それに不可分の一連の会計制度改革が提案された点である。そのなかでも，とくに IAS への EU 指令の適合が EU にとっての重要な政策課題として位置づけられている。EU 域内の決算書の比較可能性は統一的な会計基準への準拠が前提であり，したがって EU における会計国際化は，アメリカの US-GAAP への傾斜という形ではなく，世界的統一基準としての IAS に EU 指令を適合させる方向が再確認されているのである。

ただし，この1998年の「行動大綱」および先の1995年の「新戦略」に関していえば，EUの利益を会計国際化戦略のもとで確保していくというスタンスが強調されているものの，EUの機関による直接的なIASの承認メカニズム，すなわちエンドースメントに関する具体的な言及は確認できない。あくまでIASへの積極的な接近という基本姿勢のもとで，その前提としてのEU指令とIASの乖離の度合いの確認と，その調整作業の必要性が唱えられているにすぎない[6]。

(3) 「金融市場大綱の転換：行動計画」(1999年)

1999年のEU委員会の公式意見書「金融サービス：金融市場大綱の転換：行動計画」(以下，「行動計画」)は，政策理念の解説書であった前述の「行動大綱」を受けて，その政策項目と実施日程を優先順に明らかにする，いわば実施計画書として呈示されたものである。

「行動計画」においては，EUの会計戦略を遂行していくうえでの基本方針が次のように述べられている。

「比較可能な，透明かつ信頼できる年度決算書は，効率的な統合資本市場にとって不可欠の要件である。比較可能性の欠如は国境を越えた投資活動の阻害要因である。なぜなら，決算書の信頼性を確保することができないからである。金融サービス政策グループ(FSGP)の議論から，企業がEU域内全体で資本を調達し，統一的会計義務に準拠した決算書を使用するための解決策を緊急に策定する必要性が明らかになった。資本調達はEU域内に限定されない。EU企業は，国際資本市場も利用する必要がある。EU域内市場の比較可能性をより改善するための解決策は，国際的に認められた基準の展開を反映したものでなければならない。目下のところIASは，企業に国際市場での資本調達機会を与え得る統一的会計規定として最善のものであると思われる。」[7]

さらに，「行動計画」では次のように述べられる。

「金融サービス政策グループ(FSPG)の議論は，いかにして2つの目標―比較可能な決算書および国際的基準への適合―を同時に達成し得るかという重要

問題を解決した。現在,IAS による年度決算書作成のオプションを企業に付与する形での解決策が検討されている。年度決算書の比較可能性という目標は,当該オプションを利用する企業にとって,国内規定と IAS との相違を排除することにより達成される。IAS に準拠して作成された決算書が EU の規定に一致し,すべての点で EU 全体の利益が考慮されることを担保するために,IAS の検証手続きは不可欠である。」[8]

このように「行動計画」においては,EU 域内における比較可能な決算書の実現および IAS への適合という,2 つの目標を同時に達成するという基本目標が明示されている。ここで注目を要すべきは,EU における IAS 適用に関して,EU 固有の検証・承認メカニズム,すなわちエンドースメントの導入に関する具体的な言及が 1999 年の「行動計画」の段階において確認できる点である。すなわち,EU の利益を担保するための IAS の検証・承認メカニズムの具体的提案がこの「行動計画」において浮上しているのである。

この点に関し,「行動計画」においては,末尾に示された一連の付表のなかに IAS のエンドースメントに関する次のような記述がみられる。確認のために付表を抜粋すれば,それは図表 3-1 のとおりである。

図表 3-1　IAS に対する EU 戦略の実施計画（抜粋）

措　置	優先段階	目　標	担い手	期　限
会計領域における EU 戦略実現のための EU 委員会の公式意見書	1	EU 会計指令と国際的に認められた会計基準に準拠した決算書との組合せにもとづく,EU 株式会社決算書の比較可能性の改善のための戦略案。<u>当該戦略案は,EU の株式会社により（各国で異なることなく）適用されうる,国際的基準の検証メカニズムを定める。</u>	EU 委員会	1999 年末

（出所）Kommission der EU［1999］より作成。なお,下線は筆者が施したものである。

(4) 「EU の会計戦略：将来の進路」(2000 年)

　EU の金融サービス市場の統合計画と，それに不可分の会計制度改革の基本姿勢は，1995 年以降，前進的な形で上述の一連の公式意見書のなかで提示されてきた。それを受けて 2000 年に公表された EU 委員会の公式意見書「EU の会計戦略：将来の進路」は，IAS/IFRS に接近する EU のスタンスをより鮮明に，そしてさらに内容的に踏み込んだものになっている。すなわち，「EU の会計戦略：将来の進路」においては，EU 域内の資本市場の一体感を高めるため，IAS/IFRS との潜在的なコンフリクトの解消を目指して EU 指令の「現代化」を図るとともに，2005 年という期限が明示され，統一的基準としての IAS/IFRS の EU 域内市場への導入が提案されている。

　「EU の会計戦略：将来の進路」においては，当該意見書が提案する会計領域の比較可能性改善のための主要措置について，次のように述べられている。

　「2000 年末までに，EU 委員会は，EU の全上場企業に対して連結決算書を統一的会計規定，すなわち IAS に準拠して作成するよう求める正式提案を行う予定である。そうした要請は，遅くとも 2005 年から拘束的となる。加盟国には，追加的に，非上場企業および個別決算書に対しても IAS の適用を拡大する選択肢が与えられる。さらに，当該提案は IAS の早期適用を促進させる経過規定を含んでいる。なお，それ以外に，EU レベルでの承認手続きを設けるための規定が提案される予定である。

　この承認手続きにより，
　（ⅰ）　EU における IAS との統合が監視され，
　（ⅱ）　IAS が EU 上場企業の会計にとって適切な基礎になることが確認される。

　承認手続きの組織は，政治的レベルおよび技術的レベルからなる二重構造となる。」[9]

　このように，2000 年の「EU の会計戦略：将来の進路」においては，統一的会計基準の導入を前提とした EU の会計戦略の一環として，2005 年からの EU における IAS/IFRS の導入プランが明示されている。その場合，注目すべき

は，IAS/IFRS 導入のあり方に関する EU 委員会のスタンスである。すなわち，IASB により策定される IAS/IFRS は無条件に EU 域内市場で適用されるのではなく，その前提として EU の機関によるエンドースメントの実施が必須のものと唱えられている点に留意しなければならない。このエンドースメント・メカニズムの策定により，EU レベルでの IAS/IFRS 適用に関する法的根拠と，その監督機能の保証が目指される。

したがって，民間機関（IASB）により設定される IAS/IFRS の適用に関して，エンドースメントという法的安定性を目指した EU 特有の施策が講じられる。IAS/IFRS は，こうした検証・承認手続きを前提に EU 域内で適用可能となるが，その承認機構の態様については，「EU の会計戦略：将来の進路」の表現から読み取れるように，政治的レベルおよび技術的レベルの要素からなる二重構造の組織体系が想定されている。

この点に関し，「EU の会計戦略：将来の進路」では，IAS/IFRS 適用戦略の遂行に必要な施策としてのエンドースメントの構想と，その導入理由に関し詳細な言及がある。以下，やや長きにわたるが引用しよう。

「本戦略では，EU の公益を包括的に考慮する必要がある。EU は，EU 上場企業に対する会計規定作成の責任を国家以外の第三者に委譲することはできない。国内法の体系のなかで，所轄当局は，国内の指揮および組織構造をもつ国内の会計基準設定機関に会計基準の策定を委ねることができる。EU における IAS 利用者に法的安定性を与えるために，国際的基準は，会計に関する EU の法的枠組みに組み込まれる必要がある。EU の所轄当局は，必要な監視を行い，IAS に関連する不測の瑕疵または問題を訂正する可能性を有しなければならない。

監 視 の 遂 行

必要な公的監視のためには，EU の承認手続きが不可欠である。当該承認手続きの役割は，IAS をあらためて定式化もしくは取り替えることではなく，新たな IAS の基準とその解釈指針書の受け入れを監視することである。IAS とその解釈指針書に重大な欠陥があることが判明する，あるいは IAS

とその解釈指針書がEU固有の環境に馴染まない場合に介入が行われる。EUで用いられるIASは，当該承認手続きの枠組みのなかで認可されたものでなければならない。

上述の承認手続きの重要な役割は，IASがEUの全体構想と完全に一致していることを確認する点，より正確に言えばIASがEU会計指令と合致し，EU上場企業の会計の適切な基礎が与えられていることを確認する点にある。もっとも，IASがこうした要件を満たしていると仮定できることが前提である。承認手続きは，その仮定が正しいものであることを確認する。

承認手続きの組織は，EUにおける十分な公的監視を担保するため，政治的レベルおよび技術的レベルの2つの要素から成る二重構造となる。EU委員会は，今年（2000年）以降のある時点において，二重構造の承認システムの制度的側面について提案を行う予定である。当該提案において，承認手続きの法的位置づけ，権限および承認手続き機関の関係，証券取引監督局の関与の可能性について言及される予定である。

技術的レベルは，政治的レベルで実行される統制手続きに従属する。政治的レベルでの統制は，現行のコミトロジー（Komitologie）規定に従い導入されたEUの制度上の定めにもとづいている。技術的レベルでは，高い質の会計専門家集団が動員される予定である。当該メンバーは，会計に関するEUおよび国際的な要請に関する見識に応じて選任される。さらに，とくに複雑な問題に取り組む，あるいは特定の会計基準が（とりわけ銀行，他の金融機関および保険企業の）監督問題に影響するケースに対して，特別な専門家集団が動員される必要がある。会計専門家は，IASを正確に検証するだけでなく，会計基準開発プロセスのあらゆる段階，とくに当初段階でIASCによる基準設定に関与することが求められる。

承認手続きは，実務上，IASがEUで適用できることを保証するものである。とくに承認手続きにもとづいて，IASの共通の，そして統一的な適用を保証するために，特別な転換指示が必要かどうかを確認する必要がある。これは，IASの全般的な解釈の修正を意味するものではない。これに関しては，

IASCの解釈指針委員会が権限を有している。この目的は，転換指示が必要である限り，積極的な関与のもとで，IASCとくに解釈指針委員会との継続的な意見交換を行うところにある。こうした任務のもとでは，国内の基準設定機関および証券監督当局との調整が求められる。

新IASがEUで効力を得る期日は，承認手続きにおいて確定する。その結果，追加的な公示が必要になるか，または特定の会計基準に含まれるオプションがEUの会計指令と一致しないこともあり得る。これとの関連で，EU委員会内の承認組織は，会計国際化の展開を考慮したうえで，指令の修正を勧告すべきか否かを通告する。

IASに対する異議は——おそらく稀であろうが——その理由を明らかにしたうえで表明されなければならない。技術的レベルで表明された特定のIASの却下に関する勧告は，政治的レベルにおいて批准される必要がある。この種の事態を避けるために，新たに成立するIASに対する疑義は，IASCがIASを作成する最も早い段階で表明される必要がある。EUは，とくに議論に影響を及ぼすために，IAS開発のあらゆる段階で内部調整にかかわる施策を講じる必要がある。承認手続きは，IASCにおけるEUの立場を整えることに寄与する。」[10]

以上のように，2000年の「EUの会計戦略：将来の進路」は，1999年の「行動計画」において提起されたEU域内における比較可能な決算書の実現を目標として，域内上場企業の連結決算書に対するIASの統一適用の道筋を2005年という期限を付して明示したものであった。その場合，要点は，EU域内で適用されるIASの法的安定性を保証するために，「EUの会計戦略：将来の進路」においてIASを正規に検証し，現実に適用可能とする法的枠組みの構築が提唱されていることである。すなわち，EU域内でのIASの厳格な適用を保証するための実施インフラとして，政治的および技術的レベルからなる二重構造を備えた承認手続き，いわゆるエンドースメントの導入が本公式意見書において明示されたのである。

(5) IAS 適用命令（2002年）

2000年の「EUの会計戦略：将来の進路」で提起された要点は，本章との関連であらためて確認すれば，次の2つに集約される。

第1は，EU金融市場統合の実現を目指して，2005年からのIAS導入プランを明示したことである。その場合，一方では，EU上場企業の連結決算書に対しIAS適用を義務づけ，他方では，非上場企業の連結決算書および個別決算書に対して加盟国選択権の導入を提案する。

第2は，EUにおけるIAS/IFRSの適用・解釈を公的に監視するためにエンドースメント・メカニズムを採用したことである。すなわち，エンドースメントをつうじてIAS/IFRSがEUの法的枠組みに包摂され，それによりIAS/IFRSの適用に関する法的安定性の確立が目指される。しかもその承認機構として，政治的レベルの統制手続きと，会計専門家による技術的レベルのものとの二段構えの構造が提起されている。

こうした「EUの会計戦略：将来の進路」で提起されたEUの戦略は，EUの議会および理事会によるIAS適用命令（2002年）において，EU法の条文の形で具体化された。IAS適用命令は加盟国を直接的に拘束するEU法として，まず，統一的会計基準としてのIAS/IFRSを2005年から域内資本市場に導入する旨を次の第4条「資本市場指向会社の連結決算書」により定めている。

「加盟国の国内法に服する会社は，2005年1月1日以降に始まる営業年度について，有価証券サービスに関する1993年5月10日付の理事会の指令第13条1項の意味での規制市場においてその時々の決算日にある加盟国で有価証券の取引が認可されている場合，第6条2項の手続きにより承認された国際的会計基準にもとづいて連結決算書を作成する。」[11]

このIAS適用命令第4条にいう「国際的会計基準」とは具体的にIAS/IFRSを指すが，この第4条により，EUの資本市場指向企業は，IASにもとづく連結決算書の作成が義務づけられる。

他方で，次のIAS適用命令第5条「個別決算書および非資本市場指向企業に関連する選択権」にもとづき，各加盟国に対して特定の領域にかかわるIAS

第3章 EUにおけるIAS/IFRSの承認メカニズムとドイツの論点　77

導入選択権が付与される。

　「加盟国は次のものに対して，第6条2項の手続きにより採用された国際的会計基準に準拠して作成することを認めるか，または定めることができる。

　a) 第4条の意味での会社の年度決算書
　b) 第4条の意味での会社に該当しない会社の連結決算書および，または年度決算書」[12]

つまり，この第5条により，IAS/IFRS適用を資本市場指向企業の個別決算書，ならびにその他の企業（非資本市場指向企業）の連結決算書と個別決算書にまで拡大する可能性が加盟国の立法判断（加盟国選択権）に委ねられる。

さらに注目すべきは，IAS適用命令の第3条「国際的会計基準の承認と適用」である。この第3条により，IAS/IFRSのエンドースメントに関する法的根拠が与えられる。同条は次のような内容になっている。

「(1) (EU)委員会は第6条2項の手続きにもとづき，共同体内における国際的会計基準の適用可能性を決定する。

　(2) 国際的会計基準は次のことを条件に承認される。

　　——第4号指令（78/660/EWG）第2条3項および第7号指令（83/349/EWG）第16条3項に掲げる原則（True and Fair View命令——筆者）に抵触せず，ヨーロッパの公益に合致し，そして

　　——理解可能性，重要性，信頼性および比較可能性の規準を充たし，企業経営者の経済的意思決定および指揮判断を可能にする財務情報を提供する。

　(3) 委員会は第6条2項の手続きにもとづき，2002年12月31日までに本命令の発布の際に存在する国際的会計基準の共同体内における適用可能性を決定する。

　(4) 承認された国際的会計基準は，委員会命令として，共同体の全公用語により完全な形で公報に掲載される。」[13]

IAS適用命令の第3条から明らかなとおり，とくに2項に掲げる3つの要件が満たされる場合に，個別のIAS/IFRSがEU委員会の手続きをつうじて承認

され，そして当該決定が「EU 委員会命令」という形で EU 公報に掲載される[14]。ここで2項に掲げる3つの要件とは，IAS 適用にかかわる次の内容である。すなわち，①EU 第4号指令および第7号指令が掲げる原則（True and Fair View 原則）に抵触しないこと，②ヨーロッパの公益に合致すること，そして③理解可能性，重要性，信頼性および比較可能性の規準を充足させる財務情報を提供することである。

この IAS 適用命令第3条2項の諸要件に関し，EU 委員会財務報告部門の長であるヒューレ（Karel van Hulle）の言及は興味深い。すなわち，ヒューレによれば，「EU 委員会の当初の提案では，IAS の承認に先立ち遵守されるべき特別な要件は含まれていなかった。しかし，EU 理事会のワーキング・グループの議論をつうじて，それに変化が見られた」[15]と。つまり，第3条2項が定める3つの要件は，EU 委員会の当初の原案には存在せず，その後，EU 理事会のワーキング・グループの議論を経て採用されたという事実である[16]。

ここでは，ヒューレの見解に依拠して，EU における IAS/IFRS のエンドースメントの3つの要件について概観しよう。

① True and Fair View との合致

まず，第1の要件は，EU 指令に採用されている True and Fair View 命令との整合性の確保である。ヒューレによれば，IAS は，EU 第4号指令および第7号指令にかかわる True and Fair View 命令に抵触してはならない。こうした判断は，会計指令とのより高度な一致をみることを保証する。会計指令の個別規定との完全な一致を要求することに代えて，ある特定の基準を適用すれば結果的に，会計指令を用いた場合と同程度に True and Fair View を確保できるのであれば一致しているとみなされる。指令は，たとえば，連結決算書を作成，公表そして監査すべきかどうかの問題に関して依然，補完的に適用可能である。こうした手立ては，IAS を適用しない上場企業に対して，会計指令から要求の多い IAS に切り替えることを強制するものではない。IAS の適用は，取引所上場企業に対する追加的要請とみなすことができる。

この要件は，実務においては，会計指令に反映されている会計思考に一致す

る場合に，IASが受け入れられることを意味する。IASが内容的に指令を逸脱する場合，EU委員会がIASの方をより適切な会計手法とみなすならば，その場合に限りIASは承認可能である。こうしたケースでは，EU委員会が会計指令の修正を提案し，それにもとづき指令がより良い方向に改善される。True and Fair View要請に対する一般的な指示は，個別のIASとの一致を細部において調査する必要性を回避する[17]。

② EUの公益の確保

続いて第2の要件は，IAS/IFRS適用に際してのEUの公益の確保という観点である。ヒューレによれば，IASはまた，ヨーロッパの公益に資するものでなければならない。この要件は，より政治的性格を有する。こうしたコンセプトの実現は，あらゆる利害関係者—企業，ステークホルダーそして債権者—のニーズへの配慮を含む。EUは，IASの採用をつうじて，EUおよび世界の資本市場の利用をめぐって同じ基盤で競争できない状況に取引所上場企業を追い込むつもりはない。IAS適用命令の前文から明らかなように，EU域内で適用される決算書作成の基準と世界的に用いられている基準とのコンバージェンスを容易にすることが，EUの資本市場にとって重要である。これはIASBに対する強いメッセージである。とりわけ，EU企業とアメリカの競合企業が同一の条件となり，その基盤を確固とするためには，US-GAAPとのコンバージェンスが求められる。

当然，ヨーロッパの公益というコンセプトは，コンバージェンスの原理を越えるものである。専門的にみて妥当であるものの，重大な問題を導くような会計的解答となる場合，当該IASはヨーロッパの公益に適うものとはみなされない。たとえば，提案された解答が費用対効果分析に耐えることができない，またはマクロ経済レベルにおいてマイナスの影響をもたらす場合に問題が生じる。もっとも，IASを承認しない口実に，ヨーロッパの公益という概念が利用される危険性はつねに存在する。こうした事態を招かないための最善の方法は，IASBにおいて透明性のある方法でIASが作成され，それにかかわる議論を聴取可能にすることである。基準設定は実際のところ，政治的活動である[18]。

③　IASB の概念フレームワークとの整合性

そして第3の要件は，理解可能性，重要性，信頼性および比較可能性の規準を充足させる財務情報を提供することである。これは，IASB の概念フレームワークが掲げる原則との整合性の問題であるとされる。ヒューレによれば，IAS は，IASB の概念フレームワークとの一致が求められる，経済的意思決定を行うのに必要な理解可能性，目的適合性，信頼性そして比較可能性の規準が充たされなければならない[19]。

(6) IAS/IFRS の検証・承認手続き

上述のように，民間機関の IASB により設定された IAS/IFRS は，IAS 適用命令を法的根拠に EU 域内に正式導入される。その場合，同命令第3条2項の要件を遵守したエンドースメントが前提になるが，その手続きは EU 委員会が単独で行うものではない。すなわち，EU 委員会を中心に，民間組織の「欧州財務報告諮問グループ (EFRAG)」，公的組織である「会計規制委員会 (ARC)」，さらに状況により EU 理事会がこの承認プロセスに関与する仕組みになっている。これは，前述の「EU の会計戦略：将来の進路」(2000 年) で提唱された，政治的レベルおよび技術的レベルからなる二重構造メカニズムの構想を具体化させたものである。

こうした IAS/IFRS のエンドースメントは，EU における特殊な立法手続き，すなわち「コミトロジー」手続きにもとづくものである。それにより EU 委員会は，その法行為に関し簡素化された手続きのもとで施行令 (Durchführungsbestimmung) を発布する権限を付与される。本章の文脈でいえば，EU 委員会からの議長および各加盟国の代表で構成される ARC に対して，EU 委員会が IAS/IFRS の承認（または拒否）の提案を行うことが可能になる。ARC は，EU 委員会の提案に対して賛否の判断を示すが，もし ARC が提案に賛同しない場合は，EU 委員会はコミトロジー手続きに従い EU 理事会に当該提案の判断を委ねることができる。また，各加盟国の専門家により構成される EFRAG は，その下部組織である「欧州財務報告諮問グループ－技術的専門家

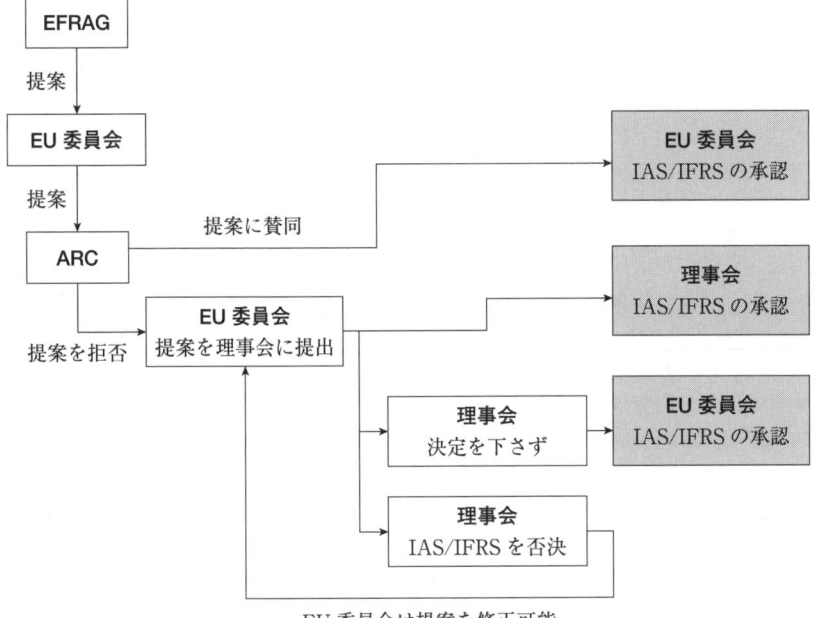

図表3-2　EUにおけるIASの承認手続きと機構

(出所) Buchheim/Gröner/Kühne [2004], S. 1784.

グループ (EFRAG-TEG)」とともに，IAS/IFRS適用に関する助言をEU委員会に対して行う。なお，EFRAGはIASBとコンタクトをとり，新たなIAS/IFRSの策定あるいは既存のIAS/IFRSの改定に際しEUの意見を反映させる[20]。

IAS/IFRSのエンドースメント手続きの概略を開始からの順序で詳述すれば，その手続きの経過は図表3-2として示される。

図表3-2が示すとおり，IAS/IFRSのエンドースメントはその手続き上，まずEU委員会が民間組織であるEFRAGに意見を求めることをもって開始される。すなわち，EFRAGが専門的知識をつうじてEU委員会を支援する。EFRAGはデュープロセスにもとづき，IASBによるIAS/IFRSの可決後2ヵ月以内に，域内の利害関係者から意見を聴取し，EU委員会に対して

IAS/IFRS 承認の賛否に関する提案を行う。

　その後，EFRAG の提案は，EU 委員会を介して EU の公的組織である ARC に提出される。ARC が提案に賛同する場合，EU 委員会は IAS/IFRS の承認を決定する。これに対して，提案が ARC により拒否される場合，当該提案は EU 理事会に提出され，そこで 3 ヵ月以内に判断が行われる。EU 理事会が提案に賛同する場合には，理事会の判断として IAS/IFRS が承認される。それに加えて，3 ヵ月という期限内に EU 理事会が賛否の判断を行わない場合，EU 委員会をつうじて IAS/IFRS が承認される可能性が開かれている。もし EU 理事会が提案に反対の意を表明した場合には，EU 委員会は提案を修正のうえ，再度審議に付すことができる[21]。

　こうして，IAS/IFRS（およびその解釈指針書）を EU で適用するためには，EU の複数の組織を介した承認手続きを経る必要がある。すなわち，IAS 適用命令にもとづく IAS/IFRS の導入は，EU の利益を保証するためのエンドースメントが前提になっている。詳述したように，EU 委員会を軸にして，民間組織の EFRAG と公的組織である ARC の関与のもと，IAS/IFRS のエンドースメントが行われる。そのプロセスを経た後にはじめて IAS/IFRS（およびその解釈指針書）は，「EU 委員会命令」としてすべての公用語で EU 公報に掲載され，正式に "EU 法に承認された IAS/IFRS" と位置づけられる仕組みになっている。

　現実に，IAS 適用命令の施行後，2003 年 9 月 29 日付で最初の「EU 委員会命令（No.1725/2003）」[22] が公表され，一部の例外を除いて既存の 32 の IAS/IFRS と 28 の解釈指針書が EU 域内で適用可能と認められるに至った。それ以降エンドースメントを経て，「EU 委員会命令」として EU 公報に掲載された IAS/IFRS およびその公式解釈指針書を示せば，図表 3-3 のとおりである[23]。

図表 3-3 EU に承認された IAS/IFRS と解釈指針書

基準（IAS/IFRS）と解釈指針書（SIC/IFRIC）	EU 委員会命令（番号）	EU 公報日付
IAS 第 1, 2, 7, 8, 10, 11, 12, 14, 15, 16, 17, 18, 19, 20, 21, 22, 23, 24, 26, 27, 28, 29, 30, 31, 33, 34, 35, 36, 37, 38, 40, 41 号。SIC 第 1, 2, 3, 6, 7, 8, 9, 10, 11, 12, 13, 14, 15, 18, 19, 20, 21, 22, 23, 24, 25, 27, 28, 29, 30, 31, 32, 33 号	委員会命令（1725/2003）	2003 年 9 月 29 日
IFRS 第 1 号	委員会命令（707/2004）	2004 年 4 月 6 日
IAS 第 39 号	委員会命令（2086/2004）	2004 年 11 月 19 日
IFRS 第 3, 4, 5 号，IAS 第 36, 38 号	委員会命令（2236/2004）	2004 年 12 月 29 日
IFS 第 32 号および IFRIC 第 1 号	委員会命令（2237/2004）	2004 年 12 月 29 日
IAS 第 1, 2, 8, 10, 16, 17, 21, 24, 27, 28, 31, 33, 40 号	委員会命令（2238/2004）	2004 年 12 月 29 日
IFRS 第 2 号	委員会命令（211/2005）	2005 年 2 月 4 日
IFRIC 第 2 号	委員会命令（1073/2005）	2005 年 7 月 7 日
改訂 IAS 第 39 号および SIC 第 12 号	委員会命令（1751/2005）	2005 年 10 月 25 日
改訂 IAS 第 39 号「公正価値オプション」	委員会命令（1864/2005）	2005 年 11 月 15 日
IFRS 第 6 号，改訂 IAS 第 19 号および IFRIC 第 4, 5 号	委員会命令（1910/2005）	2005 年 11 月 8 日
改訂 IAS 第 39 号「予測グループ内取引のキャッシュ・フロー・ヘッジ会計」	委員会命令（2106/2005）	2005 年 12 月 21 日
IFRS 第 7 号，改訂 IAS 第 1 号，改訂 IFRS 第 4 号および IAS 第 39 号，改訂 IFRS 第 1 号および IFRIC 第 6 号	委員会命令（108/2006）	2006 年 1 月 11 日
改訂 IAS 第 21 号および IFRIC 第 7 号	委員会命令（708/2006）	2006 年 5 月 8 日

（出所）Europäische Union [2006] をもとに作成。

第 2 節　EU 域内適用の IAS/IFRS の法的側面
―ドイツの視点―

　エンドースメントを経て IAS/IFRS が EU 委員会により正式承認された場合，当該基準は「EU 委員会命令」として全公用語で EU 公報に掲載される

(図表3-3参照)。ここで注目すべきは,この一連の手続きを経由したIAS/IFRSがEU法の一部として位置づけられ,そのことにより,IAS/IFRSの適用場面において法解釈問題が浮上する可能性が生じる点である。すなわち,これまで民間機関(IASB)の勧告であったIAS/IFRSがEUのエンドースメントを経由して法的拘束力を付与され,その結果,IAS/IFRSの解釈のあり方が重要な論点になると考えられる。本節では,こうしたEUにおけるIAS/IFRSの新たな側面を背景にして,ドイツの専門誌に連携して発表された2つの所説を取り上げる[24]。その1つは,EU法の枠内でのIAS/IFRSの解釈に対する裁判所の権限に言及したシェーン(Schön)の所説であり,もう1つは,シェーンの主張を受けて,IAS/IFRSに対するEU・ドイツ的解釈の確立の可能性を唱えたキュティング／ランカー(Küting/Ranker)の所説である。

(1) IAS/IFRS の解釈に対する裁判所の権限

エンドースメントによりIAS/IFRSがEU法の体系に組み込まれる場合,重要な論点は,IAS/IFRSの適用をめぐって適法性の観点にもとづくIAS/IFRSの解釈が必要になることである。この点に関しシェーンは,「IAS/IFRSの解釈に対する裁判所の権限」[25]と題する論稿において,ドイツの裁判所および欧州裁判所がIAS/IFRSの解釈問題に対する決定権限を保持する可能性について言及している。

シェーンは,IAS/IFRSがEU法の枠組みに包摂され,法的拘束力を有する点を次のように述べる。すなわち,IAS適用命令が定めるエンドースメントにより,IAS/IFRSは"承認された国際的会計基準"としてヨーロッパ法に転換されたとみなされ,国際財務報告解釈委員会(IFRIC)による公式解釈指針書とともに,EUの枠組みにおいて法的性質を獲得する。その結果,IAS/IFRSは私的委員会による拘束力のない勧告という性格を捨て去り,ヨーロッパ法上の強制力を帯びる[26],と。

このように,IASがEU法の枠組みにおいて法的拘束力を獲得するとみるのがシェーンの立場であるが,その場合,確認されるべきは,IAS/IFRSの法的

解釈に対して，ドイツの裁判所および欧州裁判所がそれに関与できるのか否か，またその根拠は何かである。

まず，ドイツの裁判所の決定権限に関し，シェーンは次のように肯定する。ドイツの裁判所は，IAS 適用命令および EU 委員会の（承認）命令の解釈および適用に取り組む機会を頻繁にもつことになる。というのは，IAS 適用命令第 3 条 2 項に反し，"承認された" IAS/IFRS に合致しない取引所上場企業の連結決算書は「欠陥がある」とみなされるからである[27]。

さらに，EU の枠組みにおいて，IAS/IFRS の解釈に対する欧州裁判所の権限の問題もある。この点に関し，シェーンは次のように欧州裁判所の権限もまた肯定する。すなわち，欧州裁判所は「EU 機関の行為の有効性および解釈」について判断する。そのため IAS 適用命令および EU 委員会命令の解釈についても判断可能である。欧州裁判所は，これまでに EU 第 4 号指令の適用に際して，その解釈をめぐる複数の係争において先決的判決を下してきた。その際，欧州裁判所は，所得税法第 5 条 1 項 1 文にもとづき，HGB 第 238 条の解釈の際，その基礎となる EU 第 4 号指令に言及した財政裁判所の付託問題に対しても返答した。IAS 適用命令にもとづき IAS/IFRS が直接適用される場合には，欧州裁判所のかかる解釈権限はより一層大きくなる[28]。したがって，「EU 法の一般原則にもとづき，加盟国の裁判所との協力のもとで，欧州裁判所が IAS/IFRS の解釈に対して権限をもつ」[29]，と。

このようにシェーンは，ドイツの裁判所ならびに欧州裁判所がともに IAS/IFRS の解釈問題に関与すべきことを明確に主張するが，加えて，こうした裁判所の解釈任務は，憲法上の観点からも確認できるとしている。シェーンによれば，法係争にかかわる法律の解釈および適用義務は，憲法上，裁判所に課される。公権力による決定（たとえば，連邦金融監督庁（BaFin）もしくは科料部門の命令）に関して，一般的な司法認可権のほかに，基本法第 19 条 4 項にもとづく裁判上の方法の保証が加わる。したがって，ドイツの裁判所は IAS/IFRS の解釈任務から逃れることができない。欧州裁判所もまた同様である[30]。またその根拠は，ヨーロッパの法秩序への IAS/IFRS の「承認」とい

う性格にもとづいており，IAS/IFRSの法的拘束力の発生にともない，憲法に即して委ねられる裁判所の法的コントロールが求められる[31]，と。

以上，シェーンがまずもって明確に主張したのは，加盟国（ドイツ）の裁判所と欧州裁判所が，エンドースメントを経たIAS/IFRS（およびその解釈指針書）の適用問題に対してその決定権限を保持するという点であった[32]。

(2) IAS/IFRSの解釈指針書

さらにシェーンによると，IAS/IFRSがエンドースメントをつうじてEU法の体系に組み込まれる場合，次の点に留意する必要がある。それは，欧州裁判所がEU法の解釈に関して，数十年にわたる現実の裁判において「支配的な」解釈を開発してきた[33]という事実である。そしてシェーンは次のように続ける。こうした（支配的）解釈は，ヨーロッパ法規の域内目的論と体系，また（多言語による）文言に関連づけたものである。これに対し，規定の成立史はそれほど重要ではない。すなわち，各国固有の法秩序にもとづく特定の規準もしくは表現の起源はおよそ無視される。そのためIAS/IFRSの一面的な「アングロアメリカ的」解釈は適切でないということになろう[34]。したがって，IAS/IFRSの解釈および適用に際して，裁判所は，まずもって個別基準およびその内的体系に注目することになる[35]，と。

この結果，シェーンによれば，加盟国の裁判所および欧州裁判所は，EU法に転換されたIAS/IFRSの解釈に対して，主要な指導原理のうちどれを適用すべきかという問題に直面する。この点に関しシェーンは，IAS適用命令の第3条2項が，IAS/IFRSの解釈および適用の判断に関する重要な指針となる点を，次のように説明している。

国際的会計基準のEU法への「承認」は，IAS適用命令第3条2項の要件が満たされる場合にのみ認められる。すなわち，企業の財産，財務および収益状態に関する適切な写像が与えられ，EUの公益に抵触せず，かつ理解可能性，重要性，信頼性および比較可能性が充たされる場合である。かかる原則は，「IAS/IFRSの『承認』の際に検証が必要となるだけではなく，IAS/IFRSの

後続的解釈の際にも援用される必要がある。IAS/IFRS をめぐる係争で2つの解釈の選択肢がある場合，管轄の裁判所は，いずれの選択肢が IAS 適用命令第3条2項に掲げられた原則に合致するのか判断する必要がある。両方の解釈がともに一般原則と調和する場合には，どちらの解釈が IAS 適用命令第3条2項の目標に『より近いもの』かについて検討しなければならない。」[36] IAS 適用命令第3条2項が掲げるヨーロッパ会計の基本原理が保証される場合にのみ，国際的会計基準への「関門」が開かれる[37]，と。

(3) シェーンの所説の要点

以上から，シェーンの結論は，「EU 法の文脈において，一方で国内およびヨーロッパの裁判所の管轄権，他方で IAS 適用命令第3条2項の指導的効力にともない，国際的会計基準の解釈に会計法における『適法性』という大陸ヨーロッパの伝統を実現する制度的『コルセット』がはめられる点が明らかになる」[38] ということである。

繰り返し述べるように，IAS 適用命令の対象となる IAS/IFRS は，無条件で EU に承認されるわけではない。すなわち，EU の利害を保証するための IAS/IFRS の検証・承認手続き（エンドースメント）が前提になっている。これを根拠にしてシェーンは，エンドースメントを経た IAS/IFRS の法的側面を強調し，裁判所の決定権限の明確化と，適法性の論理にもとづく解釈の可能性を説いたのである。

(4) エンドースメントを経た IAS/IFRS の法的側面

上で確認したように，民間の IASB により設定される IAS/IFRS が EU のエンドースメントを経る過程で EU 法の一部となるのか，換言すれば，法的な位置づけを与えられるのかが重要な論点となった。これに関しシェーンの議論は，IAS/IFRS の法的性質に焦点づけて，その解釈権限が欧州裁判所ならびにドイツの裁判所に付与されることを主張するものであった。

こうしたシェーンの議論を受けて，次に検討するキュティング／ランカーが

論点とするのは，IAS/IFRS の法的解釈の方法，しかも EU の枠組みに合致する解釈方法ならびにその指針の確立である。すなわち，キュティング／ランカーは「第2の共同体法として承認された IAS/IFRS の解釈傾向」[39]と題する論稿において，EU の法的枠組みを前提にした IAS/IFRS の解釈の特殊性について言及する。

キュティング／ランカーはまず，「承認された IAS/IFRS は，EU において直接効力のある共同体法として該当企業に対し強制力を有する」[40]と述べ，IAS/IFRS が法的拘束力を有する点を確認する。そのうえで，IAS/IFRS の解釈の基本的前提について述べる。すなわち「承認された IAS/IFRS の解釈は，いまや共同体法の解釈，すなわち法解釈である。そのため IAS/IFRS 適用のために法解釈に有効な手段を用いる必要がある」[41]，と。

このように，IAS/IFRS の解釈は法解釈の次元の問題であり，その具体的方法を確立することこそがキュティング／ランカーにあっての論点になっている。その際，あらためて確認されるべきは，「ドイツおよびヨーロッパの法体系において，承認された IAS/IFRS がいかなる法的地位を獲得するのか」[42]という点である。これに関して，キュティング／ランカーは次のように述べる。「IAS 適用命令でもって，IAS/IFRS の法的性格はその承認をつうじて根本的に変化し」[43]，「エンドースメントにより，IAS/IFRS は民間の基準設定主体の勧告としての性格を捨て去り，第2の共同体法となった」[44]，と。つまり，キュティング／ランカーの所説においても，シェーンの場合と同様，IAS/IFRS がエンドースメントの仕組みをつうじて法的側面を有することが議論の出発点になっている。この場合，キュティング／ランカーの言葉でいえば，IAS/IFRS の法的位置づけは"第2の共同体法"としてのものである。

(5) エンドースメントを経た IAS/IFRS の解釈

IAS/IFRS の法的解釈にあたって，キュティング／ランカーはまず，EU 域内で通用する「多言語性の原則」の適用を主張する。すなわち，「欧州裁判所によるヨーロッパ法の解釈，さらに第2の共同体法の解釈は，部分的には国内

法の解釈と異なる。したがって，多言語性の原則がヨーロッパ法に対して適用される」[45]。つまり，「英語もしくはドイツ語に焦点が当たるだけではなく，解釈の際，むしろすべての公用語が考慮されるべき」[46]である。たとえIAS/IFRSが国際的な基準設定主体の勧告として英語で設定されるとしても，承認されたIAS/IFRSは第2の共同体法としての法効力を得るため，すべての公用語において同一の意味をもつ[47]，と。その場合，IAS/IFRSの法的解釈の判断主体は欧州裁判所となるが，その解釈の役割についてキュティング／ランカーは次のように述べる。欧州裁判所は将来，承認されたIAS/IFRSの解釈に際して，すべての公用語の斟酌のもと，独立的解釈を優先することが想定できる。こうしたシナリオによれば，アングロサクソンに特徴づけられた多くの概念内容がヨーロッパの枠組みにおいて相対化される[48]，と。

さらに，キュティング／ランカーによると，IAS/IFRSの解釈に際して「システム的解釈および目的論的解釈に焦点を当てる必要性が一層強まる。欧州裁判所が規範内容のアングロサクソン的『思考（Idee）』に従うのではなく，承認されたIAS/IFRSの独立的かつ自律的解釈を優先する限り，承認されたIAS/IFRSのヨーロッパ主権的解釈が導かれる[49]，という。また，これにより，「欧州裁判所が，他の基準設定機関およびロビーイング団体の干渉を受けない，ヨーロッパ固有の独立的解釈機関としての地位を確保する」[50]としている。

このように，キュティング／ランカーが主張するのは，エンドースメントを経たIAS/IFRSの解釈に際し，単純に英語の文言に焦点づけるのではなく，多言語性の原則を前提にした，法目的および法律の内的体系の確定を重要視するヨーロッパ固有の解釈方法が実践されるべきという点である。そしてその場合にはじめて，欧州裁判所がIAS/IFRSの確固たる解釈機関としての地位を確保するという。

(6) IAS/IFRSの解釈手段・原理

次に問題となるのは，IAS/IFRS自体の解釈原理と，欧州裁判所がEU法に

対して適用する解釈原理との関係をどうみるかである。この点について，キュティング／ランカーは両者の解釈規準の間に対立関係はなく，むしろ大きな一致がみられるとしている。すなわち，キュティング／ランカーによれば，IAS/IFRS それ自体に掲げられている解釈原理と，欧州裁判所がヨーロッパ法上用いる解釈手段との間にコンフリクトはない。むしろ，それぞれの方法において広範な一致を確認することができる。というのは，IAS/IFRS および基準の内的体系を視野に入れた法目的に焦点が当たるからである[51]。

それでは，IAS/IFRS の解釈の前提となる法目的とはどのようなものか。この点に関し，キュティング／ランカーは次のように述べる。「法規は広範囲な出資者の保護を目的としており，それは，年度決算書における意思決定に有用な情報伝達のための最低基準を保証することをつうじて，ヨーロッパレベルで確保されるべきである」[52]。しかも，承認された IAS/IFRS において何が意思決定に有用な情報か，そして当該情報はどのように伝達されうるのかという考えが体系化されている。法目的を規定するのは唯一この点である[53]。

より具体的には，キュティング／ランカーによると，IAS 適用命令および IAS 第1号の内容から，承認された IAS/IFRS における信頼性，比較可能性，目的適合性，理解可能性という規準のウエイト，および諸目的間の相互関係が解釈にとって中心的な意味をもつ[54]とされる。

(7) IAS/IFRS の解釈部局としての BaFin

そして最後に，キュティング／ランカーは，IAS/IFRS の解釈権限を有しうるドイツの新たな機関の存在を指摘する。キュティング／ランカーによれば，欧州裁判所と並んで，連邦金融監督庁（BaFin）が承認された IAS/IFRS の問題に対するさらなる解釈機関となる。会計統制法（案）によると，BaFin は，エンフォースメントの第2段階における統制部局として位置づけられており，事実上，さらなる解釈機関として定着しうるであろう。会計統制法（案）においては，BaFin 自身，エンフォースメント手続き上の欠陥の公表に前もって，欧州裁判所の先決的判決を利用することはできない。したがって，BaFin は欠

陥の公表時点までは IAS/IFRS を解釈する唯一の機関である。これにより，承認された IAS/IFRS の解釈に関する新たな衝撃がドイツにおいて走るのは時間の問題である。解釈に際しての国内の拒否態度がヨーロッパレベルにおいてどの程度受け入れられるかは，時を待つ必要がある[55]，と。

このようにキュティング／ランカーは，欧州裁判所に加えて，エンフォースメントの場面で BaFin が IAS/IFRS の解釈を担う地位を得る可能性について言及する。しかも，BaFin が IAS/IFRS の解釈に関してその方法を独自に開発する場合，そこからドイツ固有の論理が導き出される可能性を指摘しているのである。

(8) キュティング／ランカーの所説の要点

以上みたように，キュティング／ランカーの主張は，IAS/IFRS の適用にあたって，EU の法的枠組みに相応する解釈方法の確立を唱えるものであった。とくに注目されるのは，承認された IAS/IFRS を"第2の EU 法"として位置づけ，EU 法の枠組みのなかで，係争問題に対して欧州裁判所が IAS/IFRS を解釈することを主張している点である。

さらに，欧州裁判所に加えて，ドイツ国内レベルにおいても BaFin が IAS/IFRS の解釈を担う点が指摘されている。これもまた，IAS/IFRS に対する固有の解釈が BaFin を介して定着していく可能性に言及するものといえる。

なお，本節でのシェーンならびにキュティング／ランカーの所説の検討結果を要約して図示を試みたものが図表3-4である。図表3-4のとおり，IAS/IFRS が EU 法としての性質を備えることにより，その適用をめぐる係争問題またはエンフォースメント手続きにおいて，裁判所（欧州裁判所と主たるドイツの裁判所：連邦通常裁判所（BGH），連邦財政裁判所（BFH））ならびに BaFin による独自解釈の道が開かれる可能性が生じることになる。

お わ り に

本章では，EU における IAS/IFRS の検証・承認メカニズム，すなわちエン

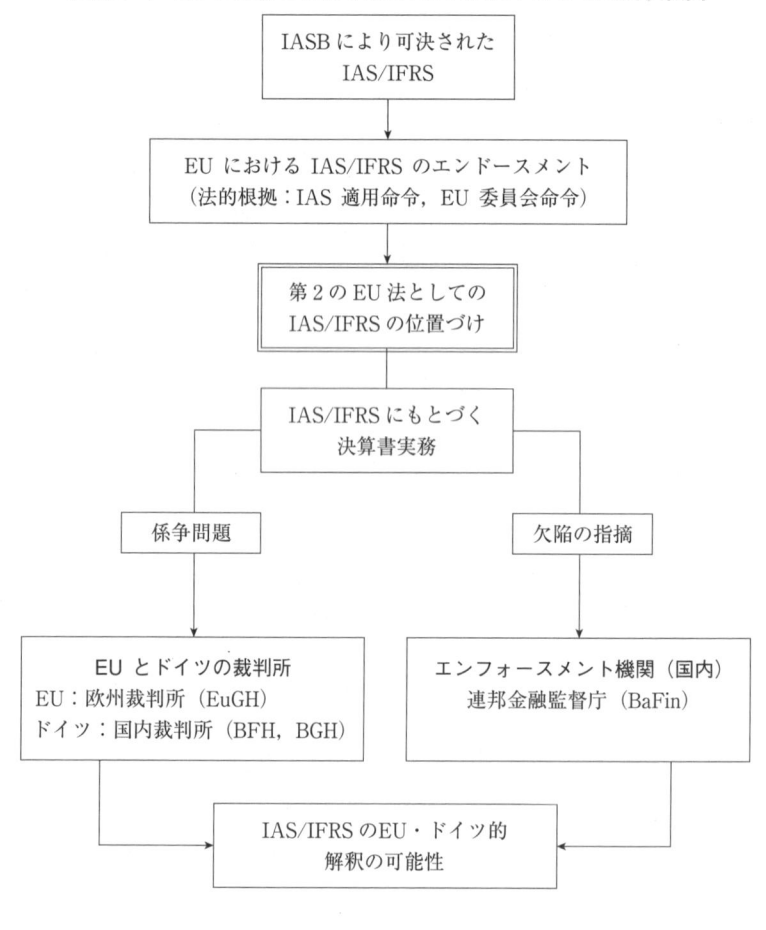

図表3-4 EUに承認されたIAS/IFRSの位置づけとその解釈機関

```
┌─────────────────────────┐
│   IASBにより可決された    │
│       IAS/IFRS          │
└───────────┬─────────────┘
            ↓
┌─────────────────────────────────────┐
│  EUにおけるIAS/IFRSのエンドースメント │
│ (法的根拠：IAS適用命令，EU委員会命令) │
└───────────┬─────────────────────────┘
            ↓
┌─────────────────────────┐
│    第2のEU法としての     │
│    IAS/IFRSの位置づけ    │
└───────────┬─────────────┘
            ↓
┌─────────────────────────┐
│    IAS/IFRSにもとづく     │
│       決算書実務         │
└─────┬───────────────┬───┘
      ↓               ↓
 ┌─────────┐     ┌─────────┐
 │ 係争問題 │     │欠陥の指摘│
 └────┬────┘     └────┬────┘
      ↓               ↓
┌──────────────────┐ ┌──────────────────┐
│ EUとドイツの裁判所 │ │エンフォースメント機関(国内)│
│EU：欧州裁判所(EuGH)│ │連邦金融監督庁 (BaFin)│
│ドイツ：国内裁判所  │ │                  │
│    (BFH, BGH)    │ │                  │
└────────┬─────────┘ └────────┬─────────┘
         ↓                    ↓
      ┌──────────────────────────┐
      │  IAS/IFRSのEU・ドイツ的    │
      │      解釈の可能性         │
      └──────────────────────────┘
```

ドースメントの側面に焦点を当てて，EU・ドイツの会計国際化をめぐる論点について考察を試みた。

まずは，国際会計基準 (IAS/IFRS) およびその解釈指針書 (SIC/IFRIC) をEU域内で正式に承認するための手続き，すなわちエンドースメントという特有の施策が，EUの一連の公的文書のなかでどのように浮上し，そして具体化されたかを一次資料にもとづいて検証した。本章で明確にしたように，EUの

公益の確保を目的として,エンドースメントの導入がEU委員会の公式意見書のなかで提案され,具体化されていく過程が追跡可能であった。しかもその承認機構は,EU委員会を軸にして,政治的レベル（公的組織のARC）の統制手続きと,技術的レベル（民間組織のEFRAG）のものによる二段構えの構造を有するものとされた。

　次に,EUにおけるIAS/IFRSのエンドースメントの仕組みと,それを経由してIAS/IFRSが一定の法的性質を獲得しうる事態に関し,ドイツ会計制度の側からみた分析を試みた。IAS適用命令によりエンドースメントの法的根拠が整備されたことにともない,2005年以降,EUの枠組みにおいてIAS/IFRSの性格は大きく変化したとみることができる。すなわち,EU域内で通用するIAS/IFRSはEU法の一部,換言すれば"第2のEU法"としての位置づけが与えられる点が重要である。この点を捉えて,シェーンならびにキュティング／ランカーがともに注視したのは,IAS/IFRSがEU法の枠組みに包摂され,一定の法的性格を備えるという側面であった。こうしたIAS/IFRSのいわばEU法化という新展開を踏まえて,シェーンは,IAS/IFRSの解釈に対する欧州裁判所とドイツの裁判所の決定権限の存在を確認し,さらにキュティング／ランカーは,その法的解釈をめぐってEU・ドイツ固有の論理の確立を提唱した。その場合,両説の前提となるのは,IAS/IFRSのエンドースメントが,適法性の論理にもとづき,アングロサクソン的思考を相対化するための仕組みとして機能するという認識である。

　したがって,IAS/IFRSの導入戦略の遂行には,EU法の枠組みのもとで,適法性の論理によるIAS/IFRSの承認と,その解釈方法の確立が要請されることはいうまでもない。すなわち,エンドースメントをつうじてIAS/IFRSに法的な性質を付与し,法の権威にもとづくIAS/IFRS導入の枠組みを構築すると同時に,他方で,EU（あるいはドイツの）会計思考に馴染まないアングロサクソン的思考の相対化のための仕組みが意図されているといえよう。このように,EUにおけるIAS/IFRS導入の大きな特徴は,エンドースメントという特有の手続きを経由することであり,そのメカニズムに焦点づけた分析から

会計の国際化，とくに IAS/IFRS への対応に向けた EU ならびにドイツ会計制度のあり方を窺い知ることができる。

注
(1) Europäische Union [2002], S. 1-4.
(2) Kommission der EU [1995], S. 2. なお，1995 年から 2000 年にかけての EU の公的文書の内容については川口八洲雄 [2005] が詳しい。
(3) Ebenda, S. 8.
(4)(5) Kommission der EU [1998], S. 12.
(6) とくに 1995 年の「新戦略」から読み取れるように，IAS と EU 指令の検証作業の担い手は，この時点では EU 委員会に設けられた「連絡委員会」が想定されていた。
(7) Kommission der EU [1999], S. 6.　(8) Ebenda, S. 7.
(9) Kommission der EU [2000], S. 1-2.　(10) Ebenda, S. 9-10.
(11)(12) Europäische Union [2002], S. 3. なお，IAS 適用命令に対するドイツの制度的対応の詳細については，稲見　亨 [2005] を参照されたい。
(13) Ebenda, S. 3. IAS 適用命令の第 4 条でも言及されているように，ここでは第 6 条 2 項「委員会手続き」の理解が必要である。第 6 条 2 項は，いわゆるコミトロジー手続きを定めたものであり，本章の文脈でいえば，EU 委員会が会計規制委員会 (ARC) のような専門委員会を設けて，IAS の承認を決定し「EU 委員会命令」として採択するプロセスを意味する。この場合，EU 議会および理事会の審議を経る必要はない。
(14) この意味において EU 委員会が担い手となる「EU 委員会命令」と EU 議会および理事会による「IAS 適用命令」とは EU 法の体系上，性格を異にする。
(15) Karel van Hulle [2003], S. 979.
(16) たしかに，2002 年の IAS 適用命令（確定版）に先立つ草案（2001 年 2 月 3 日付）においては，確定版の第 3 条 2 項に相当する条文内容は確認できない。
(17)(18) Karel van Hulle [2003], S. 979.　(19) Ebenda, S. 980.
(20) Deutsche Bundesbank [2002], S. 46. なお，この点については本書第 2 章の図表 2-6 も参照されたい。
(21) Buchheim/Gröner/Kühne [2004], S. 1784. ところで，IAS/IFRS のエンドースメントに際しては，IASB の活動に向けた EU 委員会と ARC との定期的な連携が求められる。こうした連携は IAS 適用命令の第 7 条 1 項にもとづくものである。さらに，同条 2 項により，EU 委員会が IAS の承認を提案しないと判断した場合には，速やかにその旨を報告しなければならない。もし，銀行，保険または有価証券市場分野に対する IAS の採用を決定するときは，EU 委員会は適切とみなされる限り，銀行委員会，保険委員会ないしは欧州証券規制当局委員会 (CESR) の代表者をオブザーバーとして招集することができる (Karel van Hulle [2003], S. 980.)。
(22) Europäische Union [2003], S. 1-420. この初回のエンドースメント手続きに関しては，EFRAG による 2002 年 6 月 19 日の勧告，そして ARC による 2003 年 7 月 16 日の決定という経緯を経ている。

第3章　EU における IAS/IFRS の承認メカニズムとドイツの論点　　95

(23)　IAS/IFRS およびその解釈指針書の EU 公報への掲載に際し，著作権の問題を回避するため，EU 委員会は IASC 財団と協定を締結している。その内容は，IAS/IFRS が EU 公報に掲載された場合にただちに IASC 財団が著作権を放棄するというものである。IASC 財団はその権利を EU の機構，ヨーロッパ経済圏の加盟国そして EU の経済圏で IAS を利用する他の第三者に譲渡するという (Karel van Hulle [2003], S. 980.)。
(24)　本章では，原書から訳出・引用する際，便宜の都合上，IAS/IFRS と統一的に表現している。
(25)　Schön, W. [2004], S. 763-768.
(26) (27)　Ebenda, S. 763.　　(28) (29)　Ebenda, S. 764.　　(30) (31)　Ebenda, S. 765.
(32)　Ebenda, S. 764. またシェーンによれば，IAS/IFRS に関する解釈指針書がエンドースメントを経た場合には，当該指針書も拘束力を発揮するため，それに対する裁判所の決定権限が生じるとされる。
(33) (34) (35)　Ebenda, S. 766.　　(36) (37) (38)　Ebenda, S. 767.
(39)　Küting/Ranker [2004], S. 2510-2515.
(40) (41) (42) (43)　Ebenda, S. 2510.
(44) (45) (46) (47) (48) (49) (50)　Ebenda, S. 2511.
(51)　Ebenda, S. 2512.
(52) (53) (54)　Ebenda, S. 2513.
(55)　Ebenda, S. 2514. 引用の際，原書に即して「会計統制法（案）」と訳出しているが，本法律は 2004 年 12 月に成立している。なお，EU ならびにドイツにおける会計エンフォースメントの詳細については本書第 4 章を参照のこと。

参 考 文 献

ARC [2006], Rules of Procedure for the Accounting Regulatory Committee, http://ec.europa.eu/internal_market/accounting/docs/arc/arc-rules_en.pdf, Stand: 10.12.2006.

Buchheim/Gröner/Kühne [2004], Übernahme von IAS/IFRS in Europa: Ablauf und Wilkung des Komitologieverfahrens auf die Rechnungslegung, BB Heft 33, 2004, S. 1783-1788.

Deutsche Bundesbank [2002], Deutsche Bundesbank-Monatsbericht Juni 2002 vom 14. 06.2002, 54.Jahrgang, Nr. 6, S. 1-164. (http://www.bundesbank.de/download/volkswirtschaft/monatsberichte/2002/200206mb.pdf, Stand: 10.12.2006)

EFRAG [2006], EFRAG due process explanatory memorandum, http://www.efrag.org/doc/4387_EFRAGDueProcessExplanatoryMemo.PDF, Stand: 10.12.2006.

Europäische Union [2002], Verordnung (EG) Nr. 1606/2002 des Europäischen Parlaments und des Rates vom 19.07.2002 betreffend die Anwendung internationaler Rechnungslegungsstandards, ABl L 243 vom 11.09.2002, S. 1-4.

Europäische Union [2003], Verordnung (EG) Nr. 1725/2003 der Kommission vom 29.09.2003 betreffend die Übernahme bestimmter internationaler

Rechnungslegungsstandards in Übereinstimmung mit der Verordnung (EG) Nr. 1606/2002 des Europäischen Parlaments und des Rates, ABl L 261 vom 13. 10. 2003, S. 1-420.

Europäische Union [2006], Von der Kommission übernommene IASs/IFRSs, SICs und IFRICs, http://ec.europa.eu/internal_market/accounting/ias_de.htm#adopted-commission, Stand: 10. 12. 2006.

Karel van Hulle [2003], Von den Bilanzrichtlinien zu International Accounting Standards, Wpg Heft 18, 2003, S. 968-981.

Kommission der EU [1995], Mitteilung der Kommission vom 14. 11. 1995, Harmonisieirung auf dem Gebiet der Rechnungslegung: Eine neue Strategie im Hinblick auf die internationale Harmonisierung, KOM (1995) 508, S. 1-14.

Kommission der EU [1998], Mitteilung der Kommission vom 28. 10. 1998, Finanzdienstleistungen: Abstecken eines Aktionsrahmens, KOM (1998) 625, S. 1-28.

Kommission der EU [1999], Mitteilung der Kommission vom 11. 05. 1999, Finanzdienstleistungen: Umsetzung des Finanzmarktrahmens: Aktionsplan, KOM (1999) 232, S. 1-30.

Kommission der EU [2000], Mitteilung der Kommission an den Rat und das Europäischen Parlament vom 13. 06. 2000, Rechnungslegungsstrategie der EU: Künftiges Vorgehen, KOM (2000) 359, S. 1-12.

Kommission der EU [2003], Kommentare zu bestimmten Artikeln der Verordnung (EG) Nr. 1606/2002 des Europäischen Parlaments und des Rates vom 19. 07. 2002 betreffend die Anwendung internationaler Rechnungslegungsstandards und zur Vierten Richtlinie 78/660/EWG des Rates vom 25. 07. 1978 sowie zur Siebenten Richtlinie 83/349/EWG des Rates vom 13. 06. 1983 über Rechnungslegung, Brüssel, November 2003, S. 1-39.

Küting/Ranker [2004], Tendenzen zur Auslegung der endorsed IFRS als sekundäres Gemeinschaftsrecht, BB Heft 46, 2004, S. 2510-2515.

Schön, W. [2004], Kompetenzen der Gerichte zur Auslegung von IAS/IFRS, BB Heft 14, 2004, S. 763-768.

川口八洲雄［2005］「EUの金融市場統合と会計戦略」川口八洲雄編『会計制度の統合戦略』森山書店, 2005年, 13-50頁。

佐藤誠二［2001］『会計国際化と資本市場統合』森山書店, 2001年。

弥永真生［2005］「EUにおけるIASへの対応」平松一夫・德賀芳弘編『会計基準の国際的統一』中央経済社, 2005年, 65-92頁。

稲見 亨［2004］『ドイツ会計国際化論』森山書店, 2004年。

稲見 亨［2005］「EU指令・命令のドイツ会計法への転換」川口八洲雄編『会計制度の統合戦略』森山書店, 2005年, 79-107頁。

(稲見　亨)

第 *4* 章
EU とドイツにおける会計エンフォースメント

はじめに

　ドイツにおける会計の国際化は，1985 年の会計指令法（85 年商法典，以下 HGB）以来，1993 年のダイムラーベンツをはじめドイツテレコムなどドイツ大企業のニューヨーク証券取引所への相次ぐ上場を背景に，国際資本市場対応の国内法制の改正・整備を伴いつつ急速な進展をみせた。たとえば，1998 年の「企業領域統制・透明化法（KonTraG）」および「資本調達容易化法（KapAEG）」がそれであり，さらにはコーポレート・ガバナンス改革の具体化としての 2002 年の「透明化・開示法（TransPuG）」や 2004 年の「会計法改革法（BilReG）」および「会計統制法（BilKoG）」などである。

　とくに，2000 年以降の EU レベルでの会計法制の改革は，1999 年の「金融サービス行動計画」における 42 におよぶ措置項目をベースに，加盟各国における国内法化を促した，一連の指令または命令等に顕著である。すなわち，2001 年の公正価値指令をはじめ，2002 年の IAS 適用命令，翌 03 年の現代化指令およびコーポレート・ガバナンス行動計画，さらには 04 年の透明化指令，同 03 年から 04 年のエンフォースメント・メカニズムの形成にむけた CESR の「諮問書」と改訂版「諮問書」・「第 1, 2 財務情報基準」の提示など，いずれも統合金融市場の創出にむけた，資本市場指向企業の会計と財務情報開示に関する行動計画・諸措置の具体化に他ならない。なかでも域内の上場企業に，2005 年以降，連結決算書を IAS/IFRS に従って作成することを義務づけた IAS 適用命令は，会計法改革・現代化にとって重要な推進的契機となった。

IAS 適用命令は，25 の加盟国のおよそ 7,000 の企業，ドイツ国内では約 1,000 社が該当するが，ほとんどの加盟国では，非上場企業にも IAS/IFRS に準拠した連結決算書の作成を可能とした（加盟国選択権）。それだけでなく，2007 年以降は，その対象を EU 域外企業にも拡大することが予定され，今後，国際資本市場指向の企業は，IAS/IFRS または "IAS/IFRS と同等と認められる会計基準" にもとづいて連結決算書を作成しなければならないこととなる。いま，IAS/IFRS と日本，カナダ，アメリカのいわゆる第 3 国 GAAP とのコンバージェンス・同等性評価を急いでいるのもそのためである。

以下，本章では，資本市場に対する投資家の信頼の確保と，効率的かつ透明で，十分に機能する市場の確立にむけた，コーポレート・ガバナンス改革の進展を背景とした，EU とドイツにおけるエンフォースメント・システムの形成とその意味について検討を試みることとする。

第 1 節　コーポレート・ガバナンスの発展

(1) EU におけるコーポレート・ガバナンスの発展

OECD 閣僚理事会は，1999 年 5 月，コーポレート・ガバナンスに関する諮問グループ報告書（「コーポレート・ガバナンス：グローバル市場における競争力強化と資本参入」）での勧告を受けて，コーポレート・ガバナンス原則策定のための特別タスク・フォースが提示した「コーポレート・ガバナンス原則 (OECD-Grundsätze der Corporate Governance)」を承認・公表した。以来，OECD コーポレート・ガバナンス原則（以下，OECD 原則）は，各国の行政当局をはじめ，投資家，企業およびその他の利害関係者にとっての国際的ベンチマーク・範型となり，とりわけ良好なコーポレート・ガバナンスの構築が，何より安定的な金融市場，投資と経済発展に貢献する要（かなめ）とされた。すなわち，「この原則は，上場企業はもちろん，有限会社や国営企業のような非上場の企業にとっても，企業経営のための適切な規準の発展にとって重要な前提であり，その実施は経済的効率と発展を改善し，投資家の信頼を強化するた

めの中心的な前提である」[1]とされたのである。

　OECD原則は,その前文でまず,OECD加盟国および非加盟国がコーポレート・ガバナンスに関する法令,制度および規制の枠組みを改善する際に役立て,証券取引所,投資家,企業等に助言することをその目的としている,と述べている。ついで,会社のコーポレート・ガバナンスの良否は,資本市場での投資家の意思決定にとって重要な要素であるとした上で,コーポレート・ガバナンスに単一のモデルは存在しないが,良いコーポレート・ガバナンスにはいくつかの共通要素があり,そのような共通要素にもとづいて,OECDは,現存するモデルに適合するように自らの原則を作ったとしている。しかし,OECD原則は,何ら拘束力をもつものでも,またそのまま国内法化することでもなく,状況の進展に応じて見直されるべきものであるとしている。

　つづく第1原則では,法の諸原則との整合性を確保しつつ,監督・規制・行政当局間相互の明確な責任分担のもとに,透明で効率的な市場を促進すべく,コーポレート・ガバナンスの有効な枠組みの基礎を構築することとし,それにつづいて以下5つの原則を提示している。すなわち,第2原則・株主権の保護および出資者の主要機能,第3原則・株主の公正な扱い,第4原則・コーポレート・ガバナンスにおけるステークホルダーの役割,第5原則・情報開示と透明性,そして第6原則・取締役会の責任,の諸原則がそれである[2]。

　ここでとくに留意すべき点は,第2原則での株主権の保護とその行使の促進とあわせて,第4原則では,ステークホルダーの法律上,契約上の権利を認識して,豊かさや雇用を創出し,財政的に健全な会社の持続可能性を高めるべく,会社とステークホルダーとの積極的な連携を促進すべきこととし,つづく第5と第6の原則において,取締役会に対して会社の財務状態,経営成績,株主構成およびガバナンスを含む,会社に関するすべての重要事項について,適時かつ正確な開示がなされるべきこと,また会社の戦略的方向づけとともに,会計・財務報告体制の清廉性を確保し,リスク,財務管理および法令遵守の監視制度など,適切な管理体制を整備すべきことを求めていることである。ともあれ,これら諸原則は,あくまで各加盟国が,より良いコーポレート・ガバナン

スを実現し，それにそった法制度の構築と改善を促す共通のガイドラインであり，それぞれの国や地域の実情に合わせて，柔軟に転換しうる，法的拘束力のない規準（ソフト・ロー）であって，その機能と有効性は市場の調整作用に委ねられるとされている。

　こうした OECD 原則の提起を受けて，EU 委員会は，2003 年 5 月，ヨーロッパレベルでの，将来 10 年間にわたる会社法整備のためのプログラムとして，「EU における会社法の現代化とコーポレート・ガバナンスの改善―行動計画 (Aktionsplan) ―・以下，行動計画」[3] を公表した。「行動計画」は，これに先立って，EU における会社法の現代的枠組み，すなわち各国の企業経営システムの調和化，現行諸規準の統一化，コーポレート・ガバナンス行動規範の創出などについて提案した会社法専門家委員会（「ハイレベル・グループ」・J. ウィンター委員長）の「報告書」（「欧州における現代的会社法の基本条件」2002 年 11 月 4 日）の勧告にしたがって策定したものである。いわゆる「ウインター報告書」では，とくにコーポレート・ガバナンスの強化のために，コーポレート・ガバナンスの遵守状況に関する年次報告書の作成をはじめ，株主権の強化，経営システムとしての 1 層制と 2 層制の選択可能性，非常勤取締役または監督担当取締役の役割，財務情報および非財務情報（コーポレート・ガバナンス報告書）に対する取締役の集団責任，さらにはコーポレート・ガバナンス規範の制定などを勧告したものであった。

　さて，EU 委員会「行動計画」はまず，会社法の規制的な枠組みとコーポレート・ガバナンスが今日，なぜ現代化されなければならないかの理由として次の諸点を挙げている。すなわち，近年の相次ぐ会計・企業スキャンダルの有害な影響および欧州資本市場統合の進展，株式市場における欧州企業の国境を越えて広がる活動の増大傾向，さらには新しい情報通信技術の急速な発展および新たな 10 カ国の加盟による EU の拡大などである。

　「行動計画」ではまず，①株主権の強化と第三者保護の改善，および②企業の効率性と競争力の増進[4] の 2 つを基本目標として掲げている。その上で，欧州の資本市場統合にむけた，ダイナミックで柔軟性のある会社法およびコー

ポレート・ガバナンスの構築を目指して，目標達成のための措置項目を，優先順位にしたがって短期（2003～05年），中期（2006～08年）および長期（2009年以降）に分け，そこで採るべき法的手段とあわせて，措置スケジュールを提示した。

とくに，コーポレート・ガバナンス分野での具体的な内容は，次のようである[5]。

短 期 的 措 置
① 企業経営と監視に関する開示義務の強化（重要な非財務情報の説明に対する執行・管理役員の集団責任の確認を含む）―立法措置〈指令の改正〉
② 株主とのコミュニケーションおよび議決を簡便にする一体的な法的枠組み（株主総会への参加，議決権の行使，国境を越えた議決権の行使）―立法措置〈指令〉
③ 独立の非常勤取締役および監査役の役割の強化―非立法措置〈勧告〉
④ 役員報酬に関する適切なシステムの促進―非立法措置〈勧告〉
⑤ 年度決算書に対する執行・監督役員の集団責任の確認―立法措置〈指令の改正〉
⑥ コーポレート・ガバナンス改善のための，加盟国の取組みを調整する欧州コーポレート・ガバナンス・フォーラムの開催―非立法措置〈委員会が主導〉

中 期 的 措 置
① 機関投資家に対する投資および決議方針の開示の強化―立法措置〈指令〉
② すべての上場会社における1層制および2層制経営システムの選択可能性―立法措置〈指令〉
③ 執行・監督役員の責任の強化（特別検査権，不正取引規制，役員としての活動の禁止）―立法措置〈指令の改正〉
④ 少なくとも上場会社での完全な株主民主主義実現の一連の手がかりの研究（1株1議決権）―非立法措置〈研究〉

ところで，コーポレート・ガバナンス概念は，多義的に解されているが，一

般には企業価値を高めるための，会社経営の効率的な執行と統治のシステムと定義づけられている。EU 内部には，それぞれの加盟国の法文化，企業のあり方や役割，資金調達の方法などでのさまざまな違いを反映して，多様なコーポレート・ガバナンス・システムがある。事実，EU ではこの 10 年間で，株主と利害関係者の利益を守るための，およそ 40 の国内および国際的なコーポレート・ガバナンス規範を形成してきた[6]。そうした中で，資本市場の効率的な統合のために，EU レベルで一定の規制ルールや原則の合意をはかり，推奨に値する実施方式のいっそうの接近と交流にむけて，コーポレート・ガバナンス規範を OECD の原則にそって調整すべく，EU 委員会が積極的な役割を果たさなければならないとしたのである[7]。

こうして EU 委員会は，自らのイニシアティブのもとですすめるべき緊急を要する措置として，次の点を挙げている[8]。

① コーポレート・ガバナンスの状況に関する年次報告（遵守の説明）。
上場企業は，年度決算書において，企業経営および監視の主な仕組みと実施の内容について整合的な概要説明を行わなければならない。

② 株主に与えられている，さまざまな権利行使の法的な枠組みを創りだすこと（たとえば，質問権，決議提案権，不在投票の行使権，電子的手段による株主総会への参加など）。これらの権利は，EU のすべての株主が自由に利用しうるものであり，そのために，国境を越えた議決権行使にかかる特有の問題をできるだけ早く解決しなければならない。

③ （独立の）非常勤取締役および監督担当取締役の役割の促進に関する勧告の受け入れ。
常勤役員給与の決定に関する委員会の設置，構成（過半数の非常勤役員など）および役割について EU 規模で最低限の基準を定め，加盟国では少なくとも"遵守もしくは説明（comply or explain）"の原則に従って実施されなければならない。

④ 役員報酬に関する勧告の受け入れ。
株主が，会社の業績と役員の報酬水準の関係，報酬要素と株価との連動

性などを確認できる，報酬の詳細な公表を含む適切なルールを可及的すみやかに導入することを，加盟国に求める。
⑤ 加盟各国のコーポレート・ガバナンスの調整と連携およびその実施方式を促進するためのコーポレート・ガバナンス・フォーラムを設置すること。

域内市場理事（Binnenmarktkommissar）のF. ボルケシュタインは，行動計画への期待をこめて「会社法とコーポレート・ガバナンスは，大西洋の両岸ですでに政治的日程にのぼっている。経済は，企業が効率的で透明に管理されたときはじめて機能する。……委員会は，企業や市場，顧客が求めている統合と，会社法および企業経営の近代化に対する責任を自覚している。意欲的な欧州は，その将来像を描き，1つの目標に向かって進まなければならない」[9] と述べている。

こうして，行動計画の短期的措置の1つとされたコーポレート・ガバナンス・フォーラムは，2004年10月，EU委員会の主導のもとに，年3～4回の開催をつうじて各国のコーポレート・ガバナンス規範の収斂化と調整をすすめるべく，それぞれの専門領域の代表（各加盟国の代表，欧州規制機関，行政当局，企業および投資家，経済監査士および研究者）からなる15人のメンバーをもって発足した。EU委員会はこの後，取締役の（集団）責任および財務情報およびコーポレート・ガバナンス情報の改善のための第4号，第7号指令の改正勧告（2004年10月27日）＊，上場会社の役員報酬に関する適切なルールの導入のための勧告（2004年12月14日）を矢継ぎ早に発し，つづいて上場会社の非常勤取締役・監査役の任務および監査委員会の設置に関する勧告（2005年1月15日）と，国境を越えた議決権行使に関する委員会の設置提案（2006年1月5日）を行った。行動計画・短期的措置の転換はこうして，急テンポで進められてきたのである。

＊EU議会は，2006年5月22日，第4号および第7号指令の改正を承認した。それは，財務報告における一層の透明化とともに，コーポレート・ガバナンスに関する年次報告の義務づけや規模基準値の引上げ，金融商品の公正価値評価の選択適用などについての改正である。とくに，コーポレート・ガバナンスに関しては，コーポレート・ガバナンス規範

の遵守状況（遵守しなかったときは、その旨と理由）と内部統制・リスク管理システムの重要なメルクマールの記述を，毎年，状況報告書等において行うことを上場企業に義務づけた。しかも，各加盟国は指令発効後（EU公報に公示後20日）2年以内に国内法に転換しなければならないとされている。

(2) ドイツのコーポレート・ガバナンス改革

2000年5月に設置された「コーポレート・ガバナンス政府委員会」(T. バウムス委員長) は，翌01年7月，コーポレート・ガバナンス規範の制定をはじめ，企業の経営組織，株主と投資家の保護，企業財務，情報技術と開示，会計と監査の全6章からなる，72の勧告を含む提案・示唆，合わせておよそ150項目の，300頁をこえる報告書を提出した[10]。とくに注目されるのは，報告書の第1章（法律上の規制とコーポレート・ガバナンス規範）冒頭で「上場会社の企業経営と監視に関するコーポレート・ガバナンス規範起草委員会の設置」を勧告[11]するとともに，第6章（会計と監査）では，後述の会計エンフォースメントの形成を示唆する「イギリスの財務報告検査機関（Financial Reporting Review Panel・FRRP）をモデルにしたプライベート・セクターが維持し，組織する機関の設置」を勧告[12]した点である。連邦政府は前者の勧告に従い，2001年9月，ティッセンクルップ社会長のG. クロンメを委員長とする13名のメンバーからなるコーポレート・ガバナンス規範委員会を設置した。クロンメ委員会は，2002年2月，英・キャドバリー規範（企業経営の「最善慣行規範（Code of Best Practice)」1992年）や前述のOECDコーポレート・ガバナンス原則（1999年），EU委員会・行動計画（2003年）にもとづき，企業が遵守すべき「ドイツコーポレート・ガバナンス規範（Deutscher Corporate Governance Kodex)」を策定・公表した（03年，05年および06年に改訂)[13]。コーポレート・ガバナンス規範は，企業経営と管理ならびに国内外の投資家に関するドイツ現行法規の規定をより透明にすることに貢献し，それによってドイツ企業の経営管理および資本市場に対する信頼が強化されるものとされた。つまりそれは，これまでドイツの企業制度に対して向けられた重要な批判点，たとえば株主利益の実現（株主価値の増大化）や企業管理の透明性，決算書監査

人および監査役会の独立性などでの不十分さに対する，とくに国外投資家からの批判に応えるための規範の枠組みにほかならないとされた。

コーポレート・ガバナンス規範は，その冒頭・序文において「ドイツ上場会社の業務執行と統治の重要な法規範を意味し，国内外で一般に受け入れられる良好かつ責任ある企業管理の基準を含んでいる。規範は，ドイツコーポレート・ガバナンス・システムをより透明にし，分かりやすいものにするはずである。それは，ドイツ上場会社の業務執行と統治に対する，国内外の投資家，顧客，労働者および公衆の信頼を高めようとするものである」[14] とうたった。

規範は，その拘束性の程度に応じて，規定を次の3つの方法で表現している。すなわち，とくに株式法の重要な法規定に相当する（義務的）部分と，"soll 〜 するものとする" という用語で表現される勧告（Empfehlung），および提案（Anregung）を意味する "sollte 〜すべきである" または "kann 〜できる" という3様の表現である。制定法上の規定がその法的性質から拘束的に適用されるのに対して，勧告と提案は適用義務がなく，その遵守は任意である。勧告の場合，会社は，諸状況や制度上の必要性から，柔軟かつ自律的な判断で規範からの離脱が認められるが，その場合，毎年それを公表しなければならない。一方，提案の場合，会社は公表を要せず規範から離脱できる。規範の基本的なスタンスは，あくまで企業の自主性を尊重し，「遵守かもしくは説明」の原則で，規範の各項目の遵守状況について企業に公表を求めることである。これを受けて，「透明化・開示法（TransPuG）」（2002年7月）は，企業に規範の遵守状況を開示する義務を課し，規範を遵守したこと，もしくは遵守しなかった場合は，その旨を説明すべきことを求める法規定を置くこととした*。

　　*「透明化・開示法」第1条16項により，「株式法」に第161条〈コーポレート・ガバナンス規範に関する説明〉として次の規定が挿入された。
　「資本市場指向企業の執行役会および監査役会は，毎年，連邦法務省連邦電子官報で公示した "政府委員会ドイツコーポレート・ガバナンス規範" の勧告に従っているか否か，従っていない場合，どの勧告が適用されていないかを説明するものとする。説明はつねに，株主に利用できるようにしなければならない。」

さて，ドイツコーポレート・ガバナンス規範は次の各項からなっている。
Ⅰ　序　文
Ⅱ　株主と株主総会
　1．株主／2．株主総会／3．株主総会の招集，委任状
Ⅲ　執行役会と監査役会の連携
Ⅳ　執行役会
　1．任務と権限／2．構成と報酬／3．利益相反
Ⅴ　監査役会
　1．任務と権限／2．監査役会会長の任務と資格／3．委員会の設置
　4．構成と報酬／5．利益相反／6．効率性の検証
Ⅵ　透明性
Ⅶ　会計と決算書監査
　1．会計／2．決算書監査

　上記規範のⅡ株主と株主総会からⅤの監査役会までは，会社の組織・機関の構成と運営，権限および責任等について規定したものであるが，つづくⅥの透明性では情報開示とその方法・媒体について，またⅦでは連結決算書とその監査について規定したものである。とくに注目すべきは，Ⅶの会計と決算書監査でまず，連結決算書が株主や市場関係者にとって重要な情報源であるとした上で，「連結決算書と中間報告書は，国際的に認められた会計原則を遵守して作成されるものとする。会社法上の目的（配当計算，債権者保護）としては，年度決算書は課税のための基礎ともなる国内法の規定（商法典）に従って作成される」とし，つづく2項で，「連結決算書は執行役会によって作成され，決算書監査人および監査役によって監査される。会計検査機関または連邦金融監督庁は，連結決算書とその準拠すべき会計諸規定との合致を検査する権限を与えられる（エンフォースメント）」と定めている点である（第2項2文は2005年6月の改正で新たにつけ加えられたもの）。ここでとくに留意すべきは，資本市場指向企業の連結決算書は国際的会計原則に準拠すべきこととしつつ，配分可能

利益の計算（配当，課税）は国内法（商法典）の規定に拠るべきものとする，企業決算書の二元的作成原則を確認的に提示した点である。

　規範はまた，国内外の動向に応じて毎年見直され，必要があれば修・改正されるものとしている。事実，これまですでにあわせて28箇所の修・改正が行われ，その結果，策定当初の72の勧告（提案は19）がいまや82項目（2005年6月現在）に及んでいる。たとえば，2005年6月の改正で挿入された上記Ⅶの第2項2文は，すでにみたように，後述の「会計統制法（BilKoG）」（2004年12月）による2段階エンフォースメント方式の導入に対応したものである。同様に，2006年6月には，Ⅰの2.（株主総会）の4項に2文として新たに「株主総会議長の権限の強化」に関する規定を挿入し，またⅢの2.（構成と報酬）の4項に執行役員報酬の公表義務規定を新設，次の5項では公表の種類と方法に関する規定を新たに挿入するなどの修・改正を行っている。ちなみに，これら規範の遵守状況では，2005年末までにDAX企業30社で2003年5月版の勧告72項目の97.3パーセントがすでに受け入れられているという[15]。

　ドイツにおけるコーポレート・ガバナンス改革は，後述する投資家保護と資本市場における信頼性強化のための「10項目プログラム・措置一覧」からの転換とした法律の改正・制定によっていっそうの具体化が図られた。すなわち，2004年のBilReGおよびBilKoG，「投資家保護改善法（AnSVG）」につづいて，2005年8月には「役員報酬開示法（VorstOG）」*が，同年11月には「投資家集団訴訟法（KapMuG）」および「企業清廉性・取消訴訟現代化法（UMAG）」が，そして2006年8月には「欧州協同組合の導入と協同組合法改正法」が発効するなどである。

　　*上場企業にあっては，取締役の報酬はその総額とともに，個々の取締役の報酬を，成果に関連する報酬，成果に関連しない報酬（固定報酬）およびストック・オプションのような長期的なインセンティブ報酬とに分けて，附属説明書で開示すべきものと定めている（個別開示）。

　以上にみた，「政府委員会報告書」における勧告・提案，それにもとづくコーポレート・ガバナンス・フォーラムによる加盟各国の関係法制の調整，およ

び「コーポレート・ガバナンス規範」を機軸としたコーポレート・ガバナンス改革は，ドイツにおける企業経営と監督に関する現行規準を，国内外の投資家に対して透明にすることに貢献し，そこからドイツ企業の企業管理に対する信頼が持続的に強化されるはずであるとされたのである。

第2節　CESRの「諮問書」とエンフォースメント原則

　会計基準の遵守に対する外部機関による監視・エンフォースメントは，コーポレート・ガバナンスの重要な構成部分をなしている。いまや，エンフォースメント・システムの形成は，企業の財務情報に対する信頼性の確保と，透明で効率的な資本市場にとって不可欠の基本装備とされたのである。

　欧州証券規制当局委員会（以下，CESR）は，2002年10月22日，エンフォースメント・メカニズムの構築にむけた欧州規模での取組みを主導すべく，会計基準の遵守（エンフォースメント）に関する枠組的原則の提言・「諮問書」(Consultation Paper)[16]を公表し，あわせてこれに対する関係諸団体・機関の意見を徴するため，2003年1月にパリで公聴会を開くとともに，広く各界にレスポンスを求めた。そして，これに対する諸団体等からの意見をとりまとめ，小委員会でさらに検討を深めた結果を，第1財務情報基準：「欧州における財務情報基準のエンフォースメント」（2003年3月）として公表した。それと同時にCESRは，加盟国における順法性監視機関の間の実務上の協調を図るため，まず2003年10月に「エンフォースメント活動の協調」案を，これも「諮問書」の形で提示し，同じくこれに対する意見を徴するため，公聴会（2003年11月12日・パリ）の開催と関係諸団体・機関のレスポンスを求めた。そして，その結果を「フィードバック報告書」として公表（2004年3月）した上で，2004年4月，これを成文のものとした第2財務情報基準：「エンフォースメント活動の協調」を公表した。ひきつづいて同年6月には，第2財務情報基準の履行のためのガイダンスを提示し，これへのパブリック・コメントを求めるなど，一連の措置を周到にすすめてきたのである。

いま，2002年10月のCESR「諮問書」の概要とこれに対するドイツ株式協会のコメント，そしてCESRの2つのエンフォースメント基準（第1, 2財務情報基準）の要点を示せば以下のようである。

(1) 2002年「諮問書・欧州における会計基準のエンフォースメント原則」の概要

CESRは諮問書において，会計基準遵守（エンフォースメント）の定義と方法からなる諸原則の提言（Statement of Principles・SOP）と，エンフォースメントにおける最善慣行（best practices）の基準の開発，それと各国における会計基準の制度的監視システムの調和化を提唱した。こうしたエンフォースメント・システムの調和化は，EUにおける効率的な資本市場の創出と，投資家の信頼を回復・改善するための有効な手段として期待されたのである。

諮問書の構成とその内容はおよそ以下のとおりである。

A 提言（SOP）の背景と目的

諮問書冒頭ではまず，その背景を2000年6月にEU委員会が提唱した将来の財務報告戦略（「EUの会計戦略・将来の進路」）と，それにつづく2002年7月の「IAS適用命令」などに表れたEU内の会計改革の動きにあるとしている。EUが目ざす透明な資本市場における効率的で有効な財務情報システムは，まず明瞭かつ実施可能な国際財務報告基準（IFRS）と効果的な開示条件，透明なコーポレート・ガバナンス・システム，および会計基準の不適切な適用を防ぎ，技術的にも倫理的にも監査の質を保証する監査基準と独立の監視制度の設置を前提としている。とくにエンフォースメント・システムの加盟各国における調和化は，欧州において効率的な資本市場と実質的に公平な活動地点（a level playing field）を創りだす有効な手段に他ならず，その実施は，資本市場での投資家の信頼と上場会社が公表する財務情報の比較可能性を高めることに役立つものとしている。かくて，適切なエンフォースメント・レジームは，資本市場における投資家の信頼の基礎をなす鍵とされ，そこから加盟国は国際会計基準の確実な遵守のための有効な手段をとることを求められる。こうしてCESR

の課題は，諮問書を通してエンフォースメントのための共通の枠組みとアプローチを開発することとしたのである[17]。

諮問書では，欧州における制度的監視システムの調和化のための一般原則として，以下7項目にわたる21の原則[18]を提示するとともに，それぞれに補足的な注釈を付して提言している。

B　（順法性）監視機関（Enforcers）

原則1：各加盟国において独立の権限をもつ行政機関は，原則7にいう会社が提供する財務情報の法令遵守（compliance）の監視に最終的な責任をもつべきである。

原則2：しかるべき権限をもつ行政機関が監視し，責任をもつことを条件に，ある別の組織が当該の行政機関に代ってエンフォースメントを行うことができる。

原則3：エンフォースメントを行うものが誰であろうと，そのものは何らかの行動規範，最善慣行またはCESRによって認められた手続きを遵守しなければならない。

原則4：権限をもつ行政機関は，政府や市場関係者から完全に独立し，主要な権限と十分な資金をもつものとする。

原則5：行政機関に代ってエンフォースメントを委ねられているものの権限には，財務情報をチェックし会社や会計監査人に補足情報の提出を求め，その目的にかなった手段をとることが含まれる。

原則6：当該の行政機関は，そこでの適用原則にそったエンフォースメントの適切なデュープロセスの設定とその実施に責任を負う。

この項での主な注釈は，たとえば「コーポレート・ガバナンスの立法化の違いは，EU加盟各国の会社法の規定と同様，それぞれ異なる法的環境に応じた国内レベルでの制度的監視の仕組みを求めることにある。CESRは，証券規制当局や株式取引所，検査機関による順法性監視を含めて，エンフォースメント・システムのさまざまな組織モデルが加盟各国で機能していることを認識している。財務情報の完全性，正確性および真実性に対する責任は，会社の当該

機関（主には取締役会）にある。その場合，監査人は，監査にもとづいて行う財務情報に関する意見表明によって，虚偽表示に対する最初の外部防衛線としての行動が求められる。（順法性）監視機関は，確実に違反を発見することを目的として，財務情報を監視すべきである」などである。

C　会社と文書記録（Companies and Documents）

原則7：ここにいう原則は，a) 規制市場での有価証券取引が承認され，b) 有価証券取引の認可申請をした会社が自ら提供する財務情報に適用されるべきである。

原則8：ここにいう原則は，目論見書やそれに類する資料とともに，個別や連結にもとづいて作成された年度・中間財務諸表および報告書など，調製されたすべての文書記録で提供された財務情報に適用されるべきである。

ここでは，「CESR は，原則7や8でいうものとは別に，会社と文書記録のための最善慣行の基準として提供されている諸原則を顧慮することを勧める。EU 法がその開示を求め，様式や内容の手引きを与えるならば，文書記録で提供される財務情報は，この諮問書・提言の目的と一致する」などの注釈がなされている。

D　エンフォースメントの定義（Definition of Enforcement）

原則9：エンフォースメントの目的は，投資家を保護し，投資家の意思決定プロセスに適合した財務情報の透明性に貢献することによって，市場の信頼を高めることにある。

原則10：エンフォースメントは次のように定義される。
　　　　・適切な財務報告規準によって財務情報の順法性を監視する
　　　　・エンフォースメントによって違反が発見されたとき，適切な措置をとること

上の財務報告規準には，EU で適用されている IFRS および EU 法で求められている開示基準が含まれる。

E　エンフォースメントの方法（Methods of Enforcement）

原則11：目論見書以外の財務情報についての事後（ex-post）エンフォースメントは，事前解除（pre-clealance）が可能だとしても，正規の手続きである。

原則12：目論見書についての事前（ex-ante）承認は，EU指令で規定されている承認と同じ性質とみなされる正規の手続きである。目論見書で提供される財務情報の事後のエンフォースメントは，補足的な手段としても可能である。

原則13：すべての財務情報のエンフォースメントは，通常，被検査会社と文書記録の選択にもとづいて行われるべきである。

エンフォースメント目的のための財務情報選択の優先モデルは，ローテーション・アプローチとサンプリング・アプローチが結びついた，リスクベース・アプローチの混合型モデルである。ただし，純リスクベース・アプローチは許容できる選択方法であろう。純ローテーション・アプローチは，純反応アプローチと同様に，認めがたい。

原則14：監視機関が原則13に定める選択方法を順次採用することを可能にするには，ランダムな選択とローテーションの組合わせによる混合型の選択技術が実行可能な過渡的ステップと考えられる。ただし，そのような方法論では，十分なレベルのリスク検出ができるように設計されなければならない。

原則15：選択された情報についてのエンフォースメントの方法は，純形式的なチェックから徹底的かつ実質的なチェックまでの，幅広く利用可能なチェック手続きを含んでいる。リスクのレベルは，通常，監視機関が行う検査の強度を決めるはずである。

検査される文書記録のタイプや（証券）発行者に入手可能な情報のレベルもまた考慮に入れるべきである。

ここでの注釈としては，たとえば「文書記録は，欧州におけるエンフォースメント・システムの調和化の基礎となる，費用対効果を考慮した，選択技術の

適用を示唆する。しかし,どんな選択方法の適用が妥当であるかは,市場の特質やその他の法的制約など,さまざまな状況によって決まる。またチェック項目の選択は,エンフォースメントの目的,監視機関が入手可能な情報の質,そしてエンフォースメント手続きのために費やされる時間などによる。費用対効果のバランスをどの程度吟味するのかでは,選択した文書記録から読みとりうる虚偽表示の徴候を,十分なチェック手続きによって証明できることが必要である」などがある。

F 措置 (Actions)

原則16:財務情報の実質的な虚偽表示が明らかになったときは,監視機関は,開示のための適切な措置をとり,さらにその虚偽表示を(財務報告規準の条件にそって)適切に訂正しなければならない。財務報告規準からの逸脱が重大でない場合は,通常それが措置されるべきものであっても,必ずしも公的に訂正するには及ばない。

虚偽表示は,それが投資家の意思決定に影響を与え,市場の信頼に対して否定的なインパクトになるとすれば,それは重要である。

原則17:監視機関がとる措置と,国内法に従って課される制裁とは区別されるべきである。すなわち,監視機関の措置とは一般に,市場の清廉さと信頼性を改善するための手段であり,制裁は主に法令違反を罰することを目的とするものである。

原則18:措置は,有効かつタイムリーに実行され,また明らかになった違反のインパクトに応じたものでなければならない。

原則19:類似の違反が明らかになったときには,同様の措置が採られるよう,一貫した措置の方針が開発されなければならない。

ここでの注釈は,「可能な措置の範囲は,和解や訂正的注釈,再報告,上場廃止の要求など,監視機関に利用可能なもの」などである。

G エンフォースメントにおける協調 (Coordination in Enforcement)

原則20:エンフォースメント実務の調和化を促進し,IFRSの適用に対する監視機関の一貫したアプローチを確保するためには,行政当局

とその代替機関による意思決定は事前または事後で協調することが望ましい。

議論の余地のある重要な会計問題は，基準設定者かその解釈に責任を負う組織に委ねることが望ましい。

IFRSの一般的な適用マニュアルが，監視機関から出されることはない。

ここでは，「財務情報の順法性監視は，企業が適用した会計方針を，その説明責任を定めた財務報告規準に照らすことである。監視機関の意思決定は，報告規準による，財務情報の順法性についての監視機関の判断を反映する。既存の規準に対する一般的な解釈は，国際財務報告解釈委員会（IFRIC）のような，それに相応しい組織が基準設定プロセスの一部として行うべきである。監視機関は，解釈をめぐる論議でその経験を提供することによって，そのプロセスに貢献することである」などの注釈がある。

H　報告 (Reporting)

原則21：監視機関は，エンフォースメント方針にもとづいて得た情報や，会計問題など個々のケースで意思決定を行った場合，そのことを公に報告しなければならない。

以上がCESR諮問書で提示された7項目・21原則とこれに付された主な注釈である。CESRは，こうしてエンフォースメント・プロセスに関する一般原則を公にし，各国に協調組織（機関）の設置を求めた。この提言に示されたエンフォースメント方式の枠組みにそって，加盟各国は，ドイツやフィンランドでのように，そのための法的基礎をすでに整え，またフランスやスウェーデン，イタリアのように，独自の順法性監視システムを構築するなどの取組みを急いでいる。

(2)　「諮問書」に対するドイツ株式協会のコメント

CESRは，諮問書の公表とあわせて，2003年1月15日を締切り日として，関係各界に意見を求めた。これに対して，ドイツの上場企業および資本市場関

係会社・機関の連合組織であるドイツ株式協会（Deutsches Aktieninstitut e.V.,）は，2003年1月13日付でコメントを発表した[19]。

ドイツ株式協会（以下，株式協会）はまず，CESR諮問書の提言に対して，これを欧州の資本市場における「公平な活動地点」の創出を助ける重要なステップとして歓迎の意を表明した。その上で，提言された諸原則の性質について，それが自動的に国内法と同じ効力をもったり，指令のように強制的な履行を求めるといった法的拘束力をもつものではなく，むしろそれは，上場企業をめぐる近年の深刻な会計スキャンダルによって失われた，資本市場に対する信頼を回復・強化する装置としての，エンフォースメント・システムの構築に対する加盟国共通の政治的ミッションと解している。

株式協会は，エンフォースメントのルールをできるだけ早く具体化することが肝要であり，したがって，よりフレキシブルに設計することに賛成であるとした上で，CESRの諸原則に対してそれぞれ次のようなコメントを寄せた[20]。

① 原則1-6（監視機関）について

ここではまず，行政当局（パブリック・セクター）が，エンフォースメント・会計基準遵守に最終的に責任を負う機関または主体であることを確認している。それと同時に，原則2でのように，プライベート・セクターも，行政当局が監督し責任をもつかぎりで，エンフォースメントの実施主体たりうるとし，そこからドイツで支持されているパブリック・セクターとプライベート・セクターの連携による混合モデルが可能であるとしている。その場合も，原則6でのように，行政当局が最終的な責任を負うべきことを繰り返し確認している。

② 原則9-10（エンフォースメントの定義）について

この原則は，エンフォースメントの定義，つまりエンフォースメントの目的と内容について述べたものである。ここでは，そのための準備がEUの通常の立法方式に合わせて進められることを提案している。

③ 原則11-15（エンフォースメントの方法）について

ここでは，監視機関がいつ活動を始めるのかと，その場合のさまざまなアプローチについて述べているが，諮問書は虚偽表示や不正の申立て，告発に対し

て，単に反応的に行動するのではなく，むしろプロアクティブ（先取り的）なアプローチが必要であるとしているが，株式協会は，このプロアクティブ・アプローチは必ずしも有効でも実行可能でもないとみている。肝心なことは，第三者からの申立や告発に応じて，その虚偽・不正の内容や程度にふさわしい行動をとることであって，ここでたとえばローテーション・アプローチによって監視義務を果たすとすれば，監視機関はそのためにかなり大きなキャパシティをもたなければならない。実際，多くの会社をランダムチェックやローテーション方式で調査するには，膨大な費用と時間がかかるはずである。しかも，ある特別の状況のもとで，プロアクティブなランダム調査が行われるとすれば，それが公に知れわたり，資本市場のなかでその企業に対する「不正」の疑いが広がる可能性がある。それはプロアクティブ・アプローチが意図する予防的な効果にはそぐわないことである。

④ 原則 16-19（措置）について

ここでは，虚偽表示が明らかになったとき，権限をもつ行政当局がとるべき措置を示しているが，違反の場合の法的効果が加盟国全体で同じになるためには，加盟国間で措置の統一的なルールをもつことが必要である。また，株式協会の意見では，原則 16 の「実質的な虚偽表示」，同 18 の「有効」，19 の「措置に関する一貫した方針」の用語は，さらに敷衍されることが望ましい。原則 17 の「措置」と「制裁」の対比も，やや誤解されるきらいがある。株式協会としては，エンフォースメント当局が，制裁を課する権限をもちうるものと解しているからである。

⑤ 原則 20（エンフォースメントにおける協調）について

IFRS の一般的な適用の手引きは，監視機関から出されることはなく，その権限は基準設定者（たとえば，IFRIC）に残されているが，それは事前または事後のアプローチを決めるときなど，順法性監視が調和のとれた，かつできる限り一様になるために，行政当局とその代理・委任組織との間での協調が必要だからである。

最後に，原則 21（報告）については，監視機関が自らの活動や採用した方針，

そして個々の意思決定に関する報告について，CESR の提言の国内解釈の公表をできるだけ統一的に行うことを保証しようとしたものであるが，疑問は，公表される監視機関の意思決定が匿名でなされることや，公表条件が特定の意思決定にのみ適用されるべきなのかという点である。

このようにドイツ株式協会は，CESR 諮問書での提言について，いくつかの微妙な点でまだはっきりしない部分は残るが，基本的にはよく設計された，フレキシブルなシステムを備えた内容になっているとした上で，加盟国内では，一方で一般的な公式化や履行のための柔軟なルールにとどめたいという願望と，他方ではより早く具体化したいという願望との間で一定の緊張状態が生まれ，それらが加盟国内での統一的な履行に複雑な影響を与えているとみている。

(3) CESR「第1財務情報基準：エンフォースメント」

CESR は，2003 年 3 月 12 日，エンフォースメント小委員会がさきの「諮問書」とこれに対する各界の意見を得て検討を加えた上で，第 1 財務情報基準：「欧州における財務情報基準のエンフォースメント」(Standard No.1 on Financial Information : Enforcement of Standards on Financial Information in Europe, 以下，第 1 基準)[21] としてこれを公表した。

前述の諮問書の策定にむけた CESR の当初の作業計画は，①エンフォースメントの定義，②その技法の選択，③エンフォースメントに起因する権限，④国境を越えた上場と募集，に関する諸原則と指針および基準を開発することであった。①と②は，第 1 基準のなかにそれぞれ個別原則として盛り込まれており，しかも今後，基準の形成をつうじて展開されるべきものとされている。しかし，あとの 2 つ（③と④）は，2005 年に予定している基準の完成版にむけた新しい作業のなかで開発されるはずである。今後さらに，この分野での CESR メンバーと非 CESR メンバーとの間のハイレベルの調整と収斂化をつうじて，より適切なエンフォースメント・メカニズムの確立にむけた議論が期待されている。

第 1 基準は，内容的には，2002 年 10 月の諮問書をエンフォースメントの形

成原則としてバージョンアップしたものである。すなわち，第1基準は，諮問書とは構成上の組替えによる若干の違いはあるものの，合わせて7項目・21の原則の内容そのものに大きな変更はない。問題の，構成上の組替えとしては，諮問書でのD「エンフォースメントの定義」が，第1基準ではBに置き換えられ，原則1の目的規定を，"<u>**原則9**</u>にいう<u>**発行者**</u>が提供する財務情報<u>**に関する基準**</u>のエンフォースメントの目的は，投資家を保護し，投資家の意思決定プロセスに適合した財務情報の透明性に貢献することによって，市場の信頼性を高めることにある"（変更はゴチック・下線部分）としている。（ちなみに，ここでの<u>原則9</u>とは，諮問書では項目C—会社と文書記録—で，原則7とされていた箇所）。そして，第1基準での項目Bの原則2は，諮問書Dの原則10とほぼ同文である。なお，この2つの原則からなる第1基準・項目Bには，諮問書にはなかった，以下のような注釈が付されている。

「・欧州におけるエンフォースメント・メカニズムの調和化は，EU法の発展状況のなかで，欧州の効率的な単一資本市場の創出にとって必要なことである。

・とくに，エンフォースメントに関するイニシアティブは，EUの財務情報開示規準とともに，今後，承認IFRS（endorsed IFRS）にもとづいて連結会計を行う上場会社の必要条件の有効性にとって，きわめて重要な手段である。

・しかしながらCESRは，国内GAAPが個別会計に適用される場合でも，上場会社に適用可能な報告基準全体に，投資家保護を広げることをエンフォースメントの狙いとしていることに注目している。

・いずれにせよ，エンフォースメントの意図するところは，全体として連結会計を行わない会社に関する投資家保護をも目的とすることにある。」

上の注釈は，エンフォースメント・システム形成の意味づけにとって，重要な示唆を含んでいる。すなわち，エンフォースメント・システムを欧州資本市場の統合と効率化にとって不可欠のインフラとした上で，その枠組みのなかで，連結決算書の，承認IFRSへの準拠が上場会社にとっていっそう重要とされ，さらにはエンフォースメントの狙いが，国内GAAPに基づく上場会社の個別

決算書や,連結会計を行わない会社決算書での投資家保護・情報機能の広がりにあるとしている点である。

ともあれ全体の組立てとしては,諮問書・項目B(監視機関)が第1基準ではCにくり下げられ,以下順次,最終項目Hの原則21までそのままの順で再構成されている。以下改めて,第1基準のBからHまでの項目名とそれぞれの原則番号を示せば,次のようである。

— A. 提言(SOP)の背景と目的
— B. エンフォースメントの定義(Definition of Enforcement)-原則1〜2
— C. (順法性)監視機関(Enforcer)-原則3〜8
— D. **証券発行者**＊と文書記録(Issuers and Document)-原則9〜10
— E. エンフォースメントの方法(Methods of Enforcement)-原則11〜15
— F. 措置(Actions)-原則16〜19
— G. エンフォースメントの協調(Coordination in Enforcement)-原則20
— H. 報告(Reporting)-原則21

(＊Dの**証券発行者-Issuers**は,諮問書では"会社Companies"とされていたもの。以下,たとえば原則3や7,9,13などの文中でも同じ)。

なお,原則3から21までの各規定は,表現上若干の補足や差し替え,注釈での補足はあるが,内容的には諮問書とほぼ同じである＊。

＊たとえば,諮問書の原則3で,「……いずれかの**行動規範,最善慣行**またはCESRによって認められた手続きを遵守……」とあった部分は,第1基準では原則5とされ,「……CESRによって認められたいずれかの**エンフォースメント基準**(standard on enforcement)を遵守……」となっている。また,諮問書の原則16で「虚偽表示が投資家の意思決定に影響を及ぼし,市場の信頼に否定的な衝撃を与えるとすれば,それは重大である」とした部分が,第1基準では,同じく原則16として,「(虚偽表示の)重大性は,当該の報告規準にしたがって評価されるべきである」と,前者の具体的な表現から抽象的な表現に差し替えられている。

同じく,諮問書の原則17では,監視機関のとる措置と法律上の制裁とを区別して,後者(制裁)が「主に法令違反を罰することを目的としたものである」とした部分を第1基準では削除し,監視機関の措置(「一般に,市場の清廉さと信頼性を改善するための手段」)の部分のみを諮問書の原則と同文で掲げている。この点は,同原則に対するドイツ株式協

会の前掲のコメントを顧慮したことが窺われる。

　以上，21の原則からなる「第1財務情報基準」は，監視機関の構成，エンフォースメントの目的と検査情報の選択，エンフォースメントの方法および公的な訂正を含む監視機関の可能な措置，加盟国間の協調，そしてエンフォースメント主体による報告などを，欧州における統一的なエンフォースメント・システムの形成原則として提示したのである。

(4)　CESR「第2財務情報基準：エンフォースメント活動の協調」

　CESRは，「第1財務情報基準」につづいて，加盟国における順法性監視体制と活動の協調を図るため，2003年10月7日，「第2財務情報基準・エンフォースメント活動の協調」(Standard No.2 on Financial Information : Coordination of Enforcement Activities) 案をまず「諮問書」として公表し，これに関する公聴会（2003年12月12日・パリ）と関係各界からの意見聴取（締切日・2004年1月7日）を行い，その結果を「フィードバック報告書」(2004年3月)として取りまとめた上，2004年4月，「基準案・諮問書」と同文のタイトルで第2財務情報基準（以下，第2基準）としてこれを公表し，あわせて同基準の履行のためのガイダンスを提示したのである（2004年6月）[22]。

　その流れと内容を概観すれば次のようである。

　a) 2003年10月の「第2財務情報基準」案（諮問書）は，認められた諸原則の実現に必要な履行手段を含む枠組みを確立するプリンシプル・ベースの基準である。

　ここでCESRはまず，3つの基本的な提案を行っている。

① すべてのEU加盟国の監視機関は，他の加盟国の監視機関がタイミングや実行可能性の制約と矛盾しない意思決定をするよう配慮しなければならない。その場合，他の加盟国の監視機関と事前協議を行うことはありうる。

② 従来の原則の適用を可能にするためには，EU加盟国の監視機関による

決定が，他の加盟国の監視機関にも利用できなければならない。EU加盟国の監視機関によるエンフォースメントのデータベースの創設を，それを達成するための実際的な方式として提案する。これと関連して，秘密保持の体制が整えられなければならない。
③ ハイレベルの調和化を果たすために，エンフォースメントの決定と経験をめぐる議論が，すべてのEU加盟国の監視機関が参加する欧州順法性監視機関協調会議（EECS）をつうじてなされるべきである。

さて，第2基準案のねらいは，エンフォースメント分野での協調と結びつく主な問題と，「第1基準」との整合的な方法を提案したところにある。そのためにCESRは，それぞれに注釈を付した，次の4つの原則を提示した。（ここでは注釈部分は省略）

原則1：完全に独立した行政当局または当局から委任された機関（EU加盟国の監視機関）による事前および事後のエンフォースメントの決定では，その決定を性格づける決め手となる，タイミングや実行可能性と矛盾しない従来の慣行を考慮しなければならない。他の加盟国の監視機関との論議は，重要な意思決定をする前にしておくことが現実的である。

原則2：あるEU加盟国の監視機関が決定した後，適切な時間内で，CESRが開発した方針に従って，決定の細目を他の加盟国が利用できるものにしなければならない。

原則3：EU加盟国の監視機関は，CESRのメンバーに適用可能なものと矛盾しない秘密保持の体制を整えなければならない。

原則4：ハイレベルの調和化を達成するために，エンフォースメント小委員会（SCE）の議長は，財務情報基準の全EU加盟国の監視機関が参加するSCEの欧州順法性監視機関協調会議（EECS）を召集すべきである。これらの会議では，エンフォースメント基準の適用における経験や国内レベルでの決定について論議することを意図しているはずである。

上の基準草案に対して，締切日（2004年1月7日）までに，主としてプライベート・セクターの諸団体から22件の意見が寄せられた。CESRは，これらのコメント・レターをウェブサイトで公表した上で，2004年2月にローマで行われた小委員会での討論をつうじて分析を深め，そこから第2基準の最終版の策定にむけて，さらに問題点を明らかにするため，「フィードバック報告書」を公表した。

同報告書がここで示した論点は次の5つである。

1. IFRSの適切な適用のためのEU加盟国の監視機関の役割
2. 第2基準履行のためのガイダンスの重要性
3. （エンフォースメントの）決定における慣行の価値と協調メカニズムの権威
4. 選択した情報の公開
5. 幅広い助言（提案）メカニズム

こうした一連の手続き（公聴会と諸団体のコメント・レター）をへて策定・公表した，最終版「第2財務情報基準」は，2003年10月の「基準」案（諮問書）のバージョンアップであるが，構成と4つの原則では，その基本点で変更はない*。

 *ただし，原則4は次のように修正されている。「ハイレベルの調和化を達成するために，<u>SCEの欧州順法性監視機関協調会議が組織され，そこにはCESRのメンバーであると否とにかかわらず，財務情報基準の全EU加盟国順法性監視機関が参加すべきである。</u>これらの会議は，……。」（修正はゴチック，下線部分）

ここでは，CESRのメンバーと非CESRメンバーの監視機関が，財務情報基準のエンフォースメントにおける決定と経験について意見をかわすメカニズムをつくることの必要性と，そのメカニズムがエンフォースメントの決定をめぐる，加盟国間でのハイレベルの協調と収斂化を果たす上で重要な鍵となることが繰り返し強調されている。ともあれ，この協調メカニズムは，将来のエンフォースメントの決定をより良い形で収斂することを目指し，また効率的で柔軟なベースで機能すること，および何よりメンバー同士の実際的な協調とその成

果の質によって，その権威を高めることを目指している。さらに，CESR のデータベース構想は，エンフォースメント実務のなかでの十分な協議や調和化にともなう実行可能性の制約を解決する最良の方法であり，同時にそれは，他の EU 加盟国において，合理的根拠をもって意思決定する上での情報を提供することになるとしている。

ついで CESR は，2004 年 6 月，他の EU 加盟国の監視機関の利用に供すべく，エンフォースメントの決定における指針を含む，第 2 基準の履行のためのガイダンスを公表し，これをパブリック・コメントに付した。

いまその具体的な内容は措くとして，それは次のような構成である。

・欧州順法性監視機関協調会議（EECS）
・EECS の運営
・決定
・助言
・データベースへの決定の提出
・適切な決定／・データベースへの入力／・タイミング／・暫定的提出

以上のように，CESR は 2 つのエンフォースメント基準の提示をつうじて，エンフォースメントの形成原則を提示し，その活動を調整するメカニズムと監視機関のデータバンクの創設，欧州順法性監視機関協調会議の組織化によって，欧州規模での統一的エンフォースメント・システムの構築を目指したのである。各加盟国はいま，CESR の精力的な調整活動に主導されて，それぞれの法的，経済的環境や状況に応じた，コーポレート・ガバナンス改革の行程表にそって，適合的なエンフォースメント・システムの構築を進めているのである。

第 3 節 ドイツの会計エンフォースメント

(1) 「10 項目プログラム・措置一覧」

ドイツ連邦政府は，2003 年 2 月公表の，企業の清廉性と投資家保護の改善のための「10 項目プログラム・措置一覧」（10-Punkte-Programm・

Maßnahmenkatalog, 以下，措置一覧)[23]において，その第6項目で関係法令を整備した上で，エンフォースメント・メカニズムを構築すべきことを提示した。後日，連邦法務大臣 B.ツィプリースは，BilKoG と BilReG が連邦議会で成立したことを受けて，「魅力的な資本市場は，透明で現代的な会計法を前提としている」とした上で，この2つの法律によって，「企業の清廉性と投資家保護の強化のための10項目プログラム・措置一覧の重要な部分を転換した」と述べた。すなわち，この間の相次ぐ会計スキャンダルや経営破綻によって失われた，資本市場に対する投資家の信頼の回復は，「措置一覧」の転換によって，市場の健全性，透明性および安定性が高められ，そこから企業経営の活力と国際競争力，さらにはドイツの金融的地位の強化が可能となるとみたのである。(「10項目プログラム」は41ページ，図表2-3を参照)

いわゆる「措置一覧」は，前述のコーポレート・ガバナンス政府委員会「報告書」の勧告・提案を受けて，企業経営および資本市場に対する投資家の信頼の確保と株主の権利の拡大，資本市場の透明性を高めるための，会計法改革・現代化に向けた連邦政府の戦略的ガイドラインともいうべきものである。事実，BilReG や BilKoG，KapMuG（投資家集団訴訟法），VorstOG（役員報酬開示法）など，以後一連の会計法改革は，「措置一覧」に掲げた改革メニューに沿った会計法制現代化の具体的な措置に他ならない。とくに，「法定の決算書監査人とは別の，企業の外部機関による具体的企業決算書の順法性の監視（Überwachung der Rechtmäßigkeit）」と定義づけた第6項・エンフォースメント《**独立の機関による具体的企業決算書の順法性監視**》は，ドイツの決算書監査・監視制度における画期的な改革として注目される。

当の第6項では，まずエンフォースメント・システムに係る法的基礎を整備する必要と，資本市場指向企業の決算書の順法性監視の機関として，人的・資金的に私法的に組織され，しかも国の統制下におかれる機関（会計検査機関）を設置し，これと拘束力ある提案権をもち，効果的な関与が可能な公的機関・連邦金融監督庁（BaFin）*が協働して検査を行い，その結果を情報として資本市場に提供し，また必要な場合は，年度・連結決算書の訂正や特別検査を命じ

ること，などを措置すべき内容としている。

> ＊BaFin：従来，金融・証券・保険の分野ごとに置かれていた監督機関を「資本市場振興法」（1992年）により，すべての金融分野を統一的に監督する機関として統合し，組織や人事の官僚的硬直性を廃するため，これを証券取引法によって行政法上の権限を付与した組織・特殊法人として設置した。

上の第6項は，前述のコーポレート・ガバナンス政府委員会「報告書」の勧告に従った措置項目であり，2004年のBilKoGは，その制定法への転換に他ならない。しかも同法における，ドイツ型の2段階エンフォースメント方式は，前述の2002年，03年CESR諮問書の提言およびそのバージョンアップとしての第1, 2財務情報基準と，これを踏襲したEU理事会の透明化指令（2004年12月）における"欧州型エンフォースメント・システム形成のための諸原則"に則して構想された，企業決算書の順法性監視メカニズムである。

(2) ドイツ型・2段階エンフォースメント
① 「会計統制法・BilKoG」の概要

連邦政府は，2004年6月24日，BilKoG案の上程にあたって，冒頭，次のように述べている。「かつての粉飾決算によって生じた企業スキャンダルは，資本市場における投資家の信頼を大きく揺るがした。ここで，連邦政府の緊急の目標は，正確な企業決算書によって資本市場における投資家の信頼を回復し，それを引き続き強化することにある」。同様に，法案理由書でも，「連邦政府の目的は，資本市場におけるドイツの金融的地位と国際競争力をさらに強化することである。……国内外での企業スキャンダルは，個々の企業の重要な資本市場情報の正確性における投資家の信頼だけでなく，市場全体（したがって金融的地位）の清廉性と安定性における信頼をも揺るがす結果となった。この間に失われた資本市場での投資家の信頼を回復し，これを持続的に強化することが，連邦政府の緊急の目標である。2003年2月に公表した，連邦政府の10項目プログラムの重要項目のひとつが，資本市場指向企業の企業報告書監視のための会計エンフォースメントである。その目的は，企業決算書および報告書の作成

の際の不正を予防的に防ぎ，それでもなお不正が行われたときは，これを明らかにし，資本市場にそれを伝えることである。……CESR は，金融市場の清廉性と投資家保護を目指して，2003 年 3 月に欧州型エンフォースメント・システムの構築のための諸原則を提案した。この諸原則の狙いは，欧州におけるエンフォースメント・システムの統一的発展を目指すところにある。それは，会計基準の遵守がそのまま国内措置で行えるような，欧州における会計エンフォースメントの調和化の基礎を創ることである」[24]と述べている。

1990 年代以降，アメリカをはじめイタリア，ドイツなどヨーロッパ各地で頻発した会計不正と経営破綻などの企業スキャンダルは，企業と資本市場に対する投資家の信頼を失わせたが，これを回復し，さらに強化することによって透明で効率的，安定的な資本市場を創出すべく，各国が財務情報・企業決算書における会計基準の厳正な遵守・順法性監視システムの構築を急いだのである。その結果が，2002 年のアメリカの「サーベインス・オクスリー法」(SOX 法)であり，EU 規模でのエンフォースメント・システムの構築にむけた動きと，そのドイツにおける具体化としての BilKoG である。

さて，BilKoG は，2004 年 11 月 26 日，連邦議会で可決され，同 12 月 15 日に公布された。同法は HGB，証券取引法をはじめ，金融サービス監督法，株式法など関係 6 法の改正による，企業決算書の順法性監視のための 2 段階のエンフォースメント方式の導入を内容とした条文法である[25]。

まず HGB では，第三編に第 6 章として第 1 段階のエンフォースメントを担う会計検査機関 (Prüfstelle für Rechnungslegung) に関する条項を新たにおこし，第 342b 条から同 c, d, e 条までの 4 つの規定を挿入した。第 342b 条ではさらに，1 項から 8 項にわたって，会計検査機関の設置および任務等について定めている。すなわち，1 項では会計検査機関に対する法的要請，2 項の任務と，3 項での検査の中止，4 項（企業の）協力の任意性と情報・資料の提出義務，5 項が被検査会社に対する報告，6 項が BaFin への報告，7 項での会計検査機関と従事者の検査義務，そして 8 項では会計犯罪の疑いがある場合の報告義務等の規定である。さらに，第 342c 条では守秘義務 (1～3 項) を，第

342d条は財政措置，第342e条（1〜3項）では制裁措置について定めている。

他方，証券取引法では，新たに第11章として，企業決算書の監視（Überwachung von Unternehmensabschlüssen）に関する第37n条から同u条までの8条にわたる規定を挿入して，第2段階のエンフォースメントを担う連邦金融監督庁（BaFin）の任務および権限等に関する定めをおいている。すなわち，第37n条の企業決算書および報告書の検査をはじめ，37o条（1〜5項）の検査命令とBaFinの権限，37p条（1〜3項）の会計検査機関の優先性，さらに37q条（1〜3項）の検査結果の公表，37r条（1〜2項）および37s条（1〜3項）の報告義務と国際的協働，そして第37t条（1〜2項）および37u条（1〜2項）における不服申立てと抗告にいたる各条である。（金融サービス監督法以下は省略）

このように，ドイツ型エンフォースメント方式の法的基礎をなすコア規定を，第1段階での検査を担う私法的組織たる検査機関の設置と任務等を定めたHGB第342b条以下の規定と，第2段階の公法的な検査機関・BaFinの任務と権限等を定めた証券取引法第37n条以下の規定におき，法領域としては，関係規定を二元化した上で，それぞれの役割分担と機能を定めた，商法会計法と証取会計法との連携による，企業決算書の新しい順法性監視レジームを形成したのである。

② 2段階エンフォースメントの構造

企業決算書の順法性を統制・監視する，会計エンフォースメントの2段階システムは以下のようである。

・第1段階（erste Stufe）

連邦法務省はまず，連邦財務省と協同して，エンフォースメントの第1段階を担う私法的に組織された機関（privatrechtlich organisierte Einrichtung・以下，会計検査機関）の設置を承認し，これに企業決算書の順法性監視に関する所要の活動を委ねるものとしている（HGB第342b条1項1文）。その場合，会計検査機関としての承認の要件は，①定款，②人的体制，および③所要の手続規定にもとづき，検査が一定の手順にしたがって独立して，専門的かつ秘密に行わ

れることが保証されていることである（同条1項2文）。この場合，定款と手続規定は法務大臣の認可を要する事項とされている。

　会計検査機関が行う検査の対象は，上場企業の確定した年度・連結決算書および状況報告書であるが，下記の①～③の場合に，企業決算書が正規の簿記の諸原則（GoB）または法律で認められている会計基準（IAS, IFRS, US-GAAP）に合致しているか否かが検査される（同条2項1文）。すなわち，ここでは企業決算書がその受け手，とりわけ投資家の意思決定に影響を及ぼす，財産・財務および収益状態の写像の表示に関する重大な法令違反の有無を検査し，これをBaFin に報告することである。会計検査機関は，次の3つのカテゴリーで検査活動を行う（同条2項3文）。

① 会計規定違反の具体的な証拠がある場合
② BaFin の要請がある場合
③ あらかじめ会計検査機関が定め，かつ連邦法務省と連邦財務省が合意した原則にもとづき，無作為の抽出検査（stichprobenartige Prüfung）を行う場合

　とくに①の場合，証拠となるのは株主または債権者の指摘・告発，あるいは経済関係の新聞や雑誌の報道によるもの等であるが，それらはいずれも単なる推量や憶測，仮定ではなく，あくまで具体的な証拠にもとづくものであって，しかも明らかに公益（öffentliches Interesse）がある場合とされている。したがって，公益がない場合，検査は中止される（同条2項4文）。

　検査の際の被検査会社の協力は原則として任意であるが，協力に同意した場合，会社は正確かつ十分な情報と資料を提供しなければならない（同条4項1文）。会社が協力を拒否した場合，会計検査機関はその旨を BaFin に報告しなければならない。また情報と資料の提供義務を負うその他の者には，守秘義務を解除して上での決算書監査人も含まれる。

　会計検査機関は検査結果を企業に伝えなければならない。検査の結果，会計に虚偽（fehlerhaft）の事実が明らかになった場合，会計検査機関は，企業にその判断の根拠を示した上で，これに同意するかどうかを表明する機会を与えな

ければならない（同条5項2文）。

　ついで会計検査機関はBaFinに次のことを報告しなければならない（同条6項1文）。

(1) 検査に着手した目的，
(2) 企業が検査への協力を拒否したときは，そのことを，
(3) 検査の結果と，企業がその結果に同意したかどうか

　会計検査機関は，検査業務を行うにあたって他の者を従事させることができるが，従事者は誠実かつ公正中立に職務にあたらなければならず，したがって，検査活動に基因する損害に対しては，それが故意による場合にのみ責任を負うものとする（同条7項）。会計検査機関は，会計にかかわる犯罪の疑いがある場合，それを根拠づける事実とともに，訴追を所轄する関係官庁に報告しなければならず，また決算書監査人による職務義務違反の存在を推量させる事実がある場合，それを経済監査士会議に伝えなければならない（同条8項1,2文）。

　会計検査機関の従事者は，その活動に際して知りえた営業上および経営上の秘密，または会社に関する知識を守秘しなければならず，またそれをみだりに利用することはできない（第342c条1項1,3文）。故意または過失による守秘義務違反によって，被検査会社またはその関係会社に損害を与えた者は，相応の損害賠償の責任を負う。この場合，守秘義務違反または営業・経営上の秘密の利用違反は，決算書監査人の場合のHGB第333条1項または2項の規定が準用される（過失の場合は1年以下の禁固もしくは罰金刑，故意は2年以下の禁固もしくは罰金刑）。ただし，過失による場合の責任限度額は，1検査につき400万ユーロ，また一連の損害に対する最高額は800万ユーロとされている。

　会計検査機関の活動に必要な資金は，被検査会社からの負担金で賄うが，財政上の独立性を確保するため，業務計画にもとづきBaFinが予め徴収する（第342d条1項3文）。また被検査会社が故意または過失によって，正確かつ十分な情報および資料の提出を怠った場合の協力違反は，5万ユーロ以下の過料を課せられることとなる（第342e条1,2項）。

・第2段階（zweite Stufe）

第2段階でのBaFinの任務も，第1段階と同様，会計上虚偽の疑いがある企業決算書について，それが正規の簿記の諸原則または法律で認められている会計基準に合致しているか否かを検査することである（証券取引法第37n条）。BaFinは，会計規定違反の具体的証拠がある場合，第1段階での会計検査機関に検査を，また検査の重点を定めて無作為の抽出検査を命じることができる（同法第37o条1項1,3文）。ただし，株式法にもとづく決算無効の訴えが提起されていたり，特別検査が行われている場合には，検査は行われない（同条2項）。BaFinはまた，会計検査機関およびその他の機関または者を検査に従事させることができる（同条3項）。また検査の実施にあたって，BaFinは，被検査会社の社員，従業員および決算書監査人に，検査に必要な情報および資料の提出を求めることができる（同条4項）。ただし，決算書監査人の場合，情報提供義務は，決算書監査の範囲内で知りえた事実に限られ，また被検査会社は，検査に必要な限りで従事者に，通常の時間内でその建物および事務所内に立入ることを認めなければならない（同条5項）。

　次の場合，BaFinは高権的な行政手段を行使して自ら検査に乗り出す（同法第37p条1項）。

(1)　（第1段階の）会計検査機関から，被検査会社が検査への協力を拒絶したか，または検査の結果に同意しなかったことが報告されたとき

(2)　会計検査機関による検査結果の正当性またはその検査実施の正規性に重大な疑義があるとき

　もちろんこの場合も，検査に公益性があることが前提である（金融サービス監督法第4条4項）。検査によって会計に虚偽があることが明らかになったとき，BaFinはその虚偽を行政行為によって確認し（証券取引法第37q条1項），企業が同意した虚偽の事実を，その根拠となる重要な部分とともに，連邦電子官報などで遅滞なく公表するよう企業に命じるものとする（同条2項1文）。しかし，公表に公益性がない場合，その命令を取り止めるものとし，また公表が有用であっても，企業の正当な利益を損なう惧れがある場合は，会社の申し出により，BaFinはそれを取り止めることができる（同条2項2,3文）。

BaFinは，検査の結果に疑義がないことが明らかなときは，その旨を企業に報告するが，会計に関連する犯罪の疑いがあるときはその事実を，訴追を所轄する関係官庁に報告しなければならない（同法第37r条1項）。また，BaFinによる虚偽の確認とその公表命令に対して，会社は不服申立てをすることができ（同法第37t条1項1文），さらにBaFinの措置に対する抗告は，BaFinの所在地にある上級裁判所（フランクフルト）が所管するものとする（同法第37u条2項）。

以上の会計エンフォースメント方式に関する諸規定は，2004年12月31日以降に終了する営業年度の企業決算書に適用され，両検査機関の活動は2005年7月1日以降に開始される。

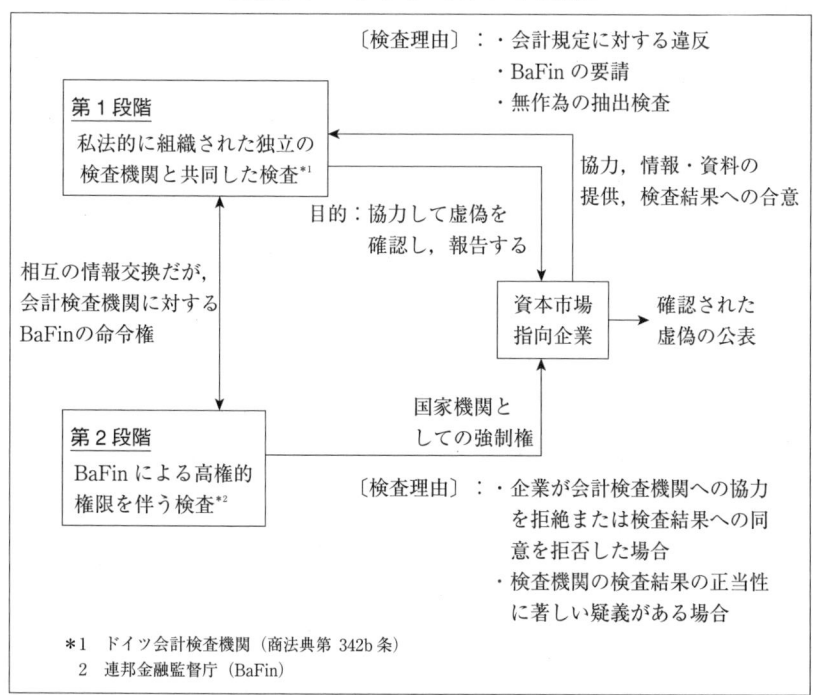

図表4-1 エンフォースメントの流れ

```
                    〔検査理由〕：・会計規定に対する違反
                                ・BaFinの要請
                                ・無作為の抽出検査
  ┌─────────┐
  │ 第1段階       │←──────────────
  │ 私法的に組織された独立の │       協力，情報・資料の
  │ 検査機関と共同した検査*1 │       提供，検査結果への合意
  └─────────┘
      ↕     目的：協力して虚偽を
              確認し，報告する
  相互の情報交換だが，                 ┌──────┐
  会計検査機関に対する                 │ 資本市場   │→ 確認された
  BaFinの命令権                       │ 指向企業   │   虚偽の公表
                                     └──────┘
  ┌─────────┐    国家機関と
  │ 第2段階       │    しての強制権
  │ BaFinによる高権的 │
  │ 権限を伴う検査*2  │
  └─────────┘
                    〔検査理由〕：・企業が会計検査機関への協力
                                  を拒絶または検査結果への同
                                  意を拒否した場合
                                ・検査機関の検査結果の正当性
                                  に著しい疑義がある場合
```

  *1 ドイツ会計検査機関（商法典第342b条）
   2 連邦金融監督庁（BaFin）

（出所）Wulf, I. [2005], S. 64に加筆・補足

いま，会計エンフォースメントの構造と流れを示せば，図表4-1のようである。

このように，BilKoGにおける会計監視システムは，イギリス型のプライベート・セクターによる財務報告検査機関（FRRP）方式と，アメリカ型のパブリック・セクターによるSEC方式を，それぞれ第1段階（会計検査機関）と第2段階（BaFin）の監視機能として折衷的に取り入れ，しかも第1段階での私法上の検査機関の権限と機能を，証券取引法（公法）上の行政機関たるBaFinが担保するという，いわばドイツ型の二元的なエンフォースメント方式として構築されたのである。

(3) 会計統制法（BilKoG）草案に対するドイツ株式協会の意見

ところで，2003年12月のBilKoG政府草案が公表された段階で，多くの関係諸団体・機関からこれに対する意見が寄せられた。

以下の諸団体・機関がそれである。

・ドイツ税理士連盟（2003年12月15日）
・ドイツ株主協会（2004年1月15日）
・経済監査士協会（2004年1月19日）
・ドイツ株式協会（2004年1月19日）
・経済監査士会議（第1次・2004年1月19日，第2次・2004年6月22日，第3次・2004年9月3日）
・ドイツ弁護士連合（2004年1月）
・シュマーレンバッハ協会（2004年2月13日, Der Betrieb誌）
・連邦宣誓監査士連盟（2004年3月15日）
・ドイツ銀行連盟（2004年5月）
・ドイツ経営者連合（BDA）・ドイツ工業連盟（BDI）・ドイツ商工会議所（DIHK）の連名（2004年5月28日）

以下ここでは，ドイツ株式協会のコメントの概要を紹介することとしよう[26]。

① 序　　　言

ドイツ株式協会は，決算書監査に対する投資家の信頼を高めるために必要な緊急措置として，資本市場指向企業の決算書監査に対する検査機関の創設を歓迎する。企業の年度決算書は，投資家に対して財産・財務および収益状態の実質的な写像を与えなければならない。その場合，投資家は，公開義務ある会社の決算書監査人の監査証明を信用するはずである。それは，公衆に対する情報提供としても，また会社の経済状態についての資本市場へのそれとしても役立つ。それはとくに，ヨーロッパにおける近年の会計スキャンダルを背景に重視されるはずである。

② 第1段階での（会計）検査機関の設置（HGB-草案第342b条以下）

草案は，2段階方式のエンフォースメント・システムを構想し，その第1段階で，会計検査機関として私法的に組織された独立の機関を置くとしている。それは，企業の合意を得つつ，虚偽を予防し取り除くための解決策をさぐることを目的としている。検査機関は，第1段階で企業の任意の協力にもとづき，資本市場指向企業の年度決算書および連結決算書の順法性を検査する任務を委ねられている。検査機関には，高権的な介入権や制裁権限はない。決算書や決算報告書で虚偽が確認されたとき，検査機関の提案にもとづき一定の期間内に虚偽を取り除き，企業の同意を得てそれを公表しなければならない。検査機関は，このことをBaFinに報告する。犯罪の疑いや職務義務違反がある場合，それを関係の所轄機関（裁判所）に報告しなければならない。

ドイツ株式協会は，エンフォースメント・システムの2段階の任務には賛成である。ドイツ株式協会の下に置かれた「決算書監査とコーポレート・ガバナンス」に関するワーキング・グループ（ローゼン座長）は，2003年1月の最終報告ですでに，同様の2段階方式を提案している。ドイツ株式協会も当該の所轄省と同じく，検査方式の大部分が，第1段階である種の調停的処理がなされることを望んでいる。

しかし批判としては，有価証券をドイツの公設・規制市場で取引する外国企業が，検査適用領域（HGB第342b条2項2文）に含まれるものとしたことである。それは，企業の検査を2つの国で同時に行いうるということになる。とく

に問題なのは，2つのEU加盟国が関係する場合である。当然，必要な場合，EU全域で会計検査が行われることが望ましくかつそのように努力すべきである。

そのような検査の協調は，EU全体の欧州的監視もしくは監督によってのみ行いうる。可能な欧州的監視は，これまでたまたま協調委員会で議論されただけである。それに関してはいま，CESRの2003年10月の「第2財務情報基準：エンフォースメント活動の協調」案が提出されている。この基準によって，ヨーロッパにおいて，財務情報に関するそれぞれの監視機関のエンフォースメント活動が，よりよい協調関係のなかで行われることは歓迎すべきである。しかし，この基準の目的は，まず第1に，EU全域でIAS/IFRSの統一的な解釈を果たすことであって，ある他のEU加盟国で同様の検査が行われているとき，なおそれ以上検査を行うべきかどうかを調整することではない。

EU全域の協調関係が整うまで，外国企業を検査から除くことは，たしかにイタリアやスイスの最近の事件をみればうなずける。少なくとも，法律の規定では，企業が短期間に事前もしくは同時に他のEU加盟国ですでに検査された場合，純粋に抽出的な検査は中止されることを定めている。

その他では，無作為の抽出検査の導入にはもともと批判がある。法案理由書では，それは連邦法務省および連邦財務省によって定められた，統計的な有意性をもつ原則にしたがって行われるべきものと述べている。他方で，検査の公表によって，—それを秘密に行う場合でも（検査機関の従事者の守秘義務），公表ではつねにそうした惧れがあるが—決算書を検査される企業にとっては一定の汚点となるはずである。他方，法案理由書では，ある年に抽出検査が行われた企業は，一定の期間の後に，ふたたび抽出検査を覚悟しなければならないこととなっている。

具体的な証拠にもとづく，理由のある検査の場合，したがって告発による場合でも，その悪用によって企業に損害をもたらすような"略奪的な株主"，不平分子または悪意の競争者に対して大幅な譲歩をしないよう配慮すべきである。この場合，明らかに検査に公益がない場合，検査が中止されるという条項

はよくできている。それがまったく間違った，でっち上げの告発で，しかも事実関係に"具体的な証拠"を欠くときはなおのこと，公益がないとみなすべきである。

③　検査機関の担い手と財政

検査機関は，金融市場に近い経済領域をできるだけ幅広く代表する，私的な登記団体によって担われるべきである。連邦法務大臣のツィプリース女史が，それを"歓迎する"と言ったことも影響して，新聞では，DRSCが有力視されている。もちろんそれは，単にそのはたらきを認めただけではないはずである。独立の，より広い基盤に立った担い手を作り出すために，金融関係に近い連合や協会もその設置にかかわることが必要である。もちろんこの考えは，関係の連合や協会を結びつけたエンフォースメント検査機関の設置を協議する際にすでに受け入れている。

④　BaFinによる第2段階の検査（証券取引法第37n条）

企業が検査機関への協力を拒否したとき，BaFinは第2段階で公法的措置としての検査と会計の訂正を行うことができる。会計検査機関が行った検査結果の正確性や実施した検査の正規性に著しい疑義がある場合も同様である。

企業に対するBaFinの"否定的"判断に対する法的手段として，証券取引法第37u条にもとづき，不服申立てによる抗告を定めているが，それを有価証券引受法第48条2～4項に照して，普通裁判所，フランクフルト上級裁判所の所轄事項が選ばれることを歓迎する。法案理由書に示されているように，この場合，経営問題に関する評価ではかなりの専門知識が想定されるはずだからである。

もちろん，当協会の「決算書監査とコーポレート・ガバナンス」に関するワーキング・グループがすでに指摘しているように，法案でBaFin（会計検査機関）による検査に期限を定めていないことには批判がある。検査は，できるだけ株主総会前に終了されるべきである。もしそれができなければ，BaFinは検査の対象に疑義を表明しなければならない。他方では，株式法第256条6項での6ヵ月の期限がある。

そうした期限の基礎にあるのは，年度決算書の訂正にともなって広がる影響を抑えるという考えである。たとえば，検査を行った後に新しく作成された年度決算書で，以前の決算書にもとづいた利益配当請求権（例えば，株主総会で議決した配当や弁済のような）をどう扱うかはまだはっきりしていないからである。そうしたあいまいな点をはっきりさせることは，当然必要である。それに加えて，訂正もしくは新しく作成された貸借対照表によって，第三者が一般に，すでにある損害賠償請求権とともに，企業に対する請求権を主張しうることは保証されるべきである。

検査によって企業決算書に問題がなければ，企業がその公表に利益がある場合，検査機関または必要な場合BaFinに，その検査結果（貸借対照表の正確性）の公表を求める可能性を企業に与えるべきである。

このように，ドイツ株式協会がBilKoG草案に対して寄せた意見は，若干の批判的コメントや懸念を含みながらも，おおむね肯定的な内容である。

第4節　会計エンフォースメントの意味

以上みてきたように，ドイツにおける会計エンフォースメントの形成は，コーポレート・ガバナンス政府委員会「報告書」を源泉とし，その勧告にもとづくコーポレート・ガバナンス規範と密接に連携した「10項目プログラム」の措置項目のひとつとして構想され，しかもCESR・諮問書とそこからの「第1，2財務情報基準」に依拠しつつ，BilKoGを根拠法規とした，会計法改革・現代化の文脈のなかでとらえなければならない。

法律制定後，プライベート・セクターのドイツ会計検査機関（Deutsche Prüfstelle für Rechnungslegung e.V., DPR）は，W. ブラントを代表役員とし，経済界，投資家および経済監査士，労働界など15の関係団体を代表する17名からなるメンバーで設立され，2004年9月10日の社団登録をへて，2005年3月30日，連邦法務大臣B. ツィプリースの合意協定への署名をもって正式に承認

され，2005年7月から活動を開始した。

さて，エンフォースメント方式は，資本市場指向企業（証券取引法第2条1項1文の意味での有価証券を，公設または規制市場で取引するため，ドイツ証券取引所により認可された企業）の年度決算書，連結決算書およびそれに付される状況報告書の順法性（GoBとIAS/IFRS, US-GAAPへの準拠）を，2段階方式で統制・監視することにある。およそ1,400の資本会社が検査の対象になるとみられている[27]。

周知のように，ドイツでは現行法上すでに，資本会社に対する法定の義務的監査として，状況報告書を含む年度・連結決算書が，GoBを遵守し商法上の諸規定に従って財産・財務および収益状態等，企業の実質的な経済状態を伝えているかどうかについて，決算書監査人による監査が行われており，監査が行われなかったときは，年度決算書等は確定しないこととされている（HGB第316条1項2文）。これに対してエンフォースメントは，これらの企業決算書に虚偽・不正の疑いがあるとき，決算書監査人とは別の外部者の立場と方式で，準拠すべき法令・基準に照らしてその順法性をチェックする新しい監視システムである。そこではまず，会計検査機関・DPRに寄せられた情報や告発によって，企業決算書の虚偽・不正について具体的な証拠が示され，公的機関・BaFinがそれを要請した場合，検査に着手し，ときには無作為抽出の検査を行い，またBaFin自らが検査を行うという仕組みである。ただし，BaFinの要請や推測される法令違反は，重点的な検査が可能な程度に具体的でなければならず，したがって検査の範囲は，現に違反が存在するか否かについて十分な確信が得られる部分に限られる。エンフォースメントは，あくまで財務報告の受け手・投資家の意思決定に影響を及ぼすような違反を確認し，その事実を情報として市場に伝えることである。その意味で，年度決算書等の全般について監査を行う決算書監査人監査とは異なり，ましてピア・レビューのような，会計監査人の業務・監査の質をチェックする統制システムでもない[28]。

たしかに，現行のドイツ法では，年度決算書の法令違反について，株式法第256条以下によって無効または取消しができるが，連結決算書に関しては順法

性をチェックするエンフォースメント方式を欠いている。また，HGB におかれている種々の罰則規定（第331条をはじめ，第334, 335, 335a の各条）も，ドイツ連結会計基準（DRS）や国際連結会計基準（IFRS, US-GAAP）での違反を念頭においてはおらず，同様に，改正経済監査士法によって導入されたピア・レビューも，具体的なケースでの会計基準遵守のチェック機能を狙いとはしていない。国際的にみても明らかな，こうした"エンフォースメントの欠如"[29] を克服するため，コーポレート・ガバナンスの観点から上場企業の連結決算書の順法性を監視するシステムの構築が求められたのである。

ドイツにおける会計エンフォースメントは，その形成の経過からも，資本市場におけるドイツ企業の信頼性確保と投資家保護の強化を目指して取り組まれた，コーポレート・ガバナンスの「新しい構成要素」[30] とみなされている。しかも，そこでの会計上の虚偽に関する検査は，第1段階での私法上の検査機関・DPR によることを基本としながらも，その機能と権限を公法上の BaFin が担保し，また Bafin みずから高権的手段による関与・検査を用意している点にドイツ型監視システムとしての特徴がある。ここに，プライベート・セクターたる会計検査機関の活動を制度的に監督し担保する BaFin が，この新しい順法性監視を取り仕切る"女主人（Herrin）"[31] といわれる所以がある。

問題は，検査によって明らかになり，確認された会計上の虚偽の扱いである。当初，参事官草案（2003年12月8日付）では，第1段階での検査の結果明らかになった虚偽を企業が認め，その訂正に同意したことを会計検査機関が BaFin に報告すれば，検査活動はそれで終了するものとされていた（HGB-草案第342b 条6項1文4号）。ここでは，検査の結果確認された虚偽の"訂正"が重視され，BaFin の段階でも，明らかになった虚偽を，次年度の決算書か，または検査を実施した年度に新しく作成された決算書で，その訂正を命じることができるものとされた（有価証券取引法-草案第37p 条1項2文）。しかし法案成立の最終段階では，虚偽情報の"訂正"ではなく，虚偽"事実"を投資家の意思決定に資する情報として市場に提供することとされたのである。連邦政府が，透明性重視の観点から，「資本市場指向企業の決算書の順法性を監視し，年度

決算書および（状況）報告書の作成の際の不正を予防的に阻み，それでもなお不正が生じたときは，これを明らかにし，資本市場にその情報を伝えることを目指した」[32]からである。

　H. ベッキングによれば，エンフォースメントの目的は，まず会計不正を回避することであり，IAS 適用命令に従った CESR による IAS/IFRS の統一的な遵守とそのエンフォースメントが，IAS/IFRS の承認の前提となり，IASB の基準設定の可能性に影響を及ぼすことであるとされる[33]。

　そこでは，国際会計基準・IAS/IFRS の設定（Setzung）・承認（endorse）とエンフォースメントとが一体的なメカニズムとして作動することが想定されているのである。とはいえ，CESR 諮問書・基準にも表れているように，現段階での EU 委員会のスタンスが，あくまで各国の経済事情や法文化，制度的な特質に合わせて，エンフォースメント・システムの柔軟な独自の設計を求めていることから，加盟各国が IAS/IFRS への準拠とあわせて，国際資本市場での評価に耐えうる，適合的なメカニズムとして同等の機能を果たすべく，それをいかに調整しうるかである。長期的には，EU レベルでの統一的エンフォースメント・システムの構築が目指されるとしても，現実には当面，各国の法制度や慣行に適合した多様な制度設計が予定されよう。ここでも会計の国際的調和化の問題は，つねに会計制度のグローバル化という「共通性」と，それへの対応における各国会計改革の「多様性」との非対称の展開を胚胎しているとみなければならない。

おわりに

　従来，会計基準の遵守に関するドイツのシステムは，基本的には決算書監査人と監査役による監査を基礎としていた。これまでドイツでは，アメリカにおける SEC 型の規制やイギリスの場合の FRRP（財務報告検査機関）による順法性監視システムのような，上場企業の会計上の虚偽や不正の検査と公表のための，国際的に通用する監視メカニズムを欠いていたことはたしかである。

　H. ビーナーもいうように，「会計統制法の意義は，なにより企業会計に関す

る"エンフォースメント"を創りだしたこと」[34]にあり，それによって，「国内外の投資家の，企業決算書に対する信頼を確保し，ドイツの経済的・金融的地位と国際競争力強化のための基礎固めになるはずである」(連邦法務大臣 B.ツィプリース) とされている。

たしかに，こうした企業決算書の順法性監視システムは，1990年代後半以降続発した，国内外の巨額，長期にわたる会計不正・企業スキャンダルの発生を契機に，アメリカの場合でのサーベインス・オクスリー法 (2002年) と，それにともなう公開会社会計監視委員会 (PCAOB) と同様，企業決算書に対する投資家の信頼の回復と，資本市場の健全性・透明性を高めるべく進められた会計法制改革の一環としてのものである。

ともあれ，エンフォースメント・メカニズムの導入は，これまでの決算書監査人監査に加えて，ドイツにおける企業決算書の監査・監視体制を重層化させ，その限りで順法性監視へのシフトは外形的には一層厳格化されたかにみえる。加えて，BilKoGと同時に成立したBilReGでは，HGB第319条および第319a条 (挿入) によって，監査の品質保証のための決算書監査人の独立性の強化 (決算書監査人としての一般的排除要件や上場企業の監査からの特別の排除事由) に関する諸規定が盛り込まれた。

しかし，こうした制度としての形式上の厳格化が，実務における会計方法の多様な選択可能性を前に，実質上の厳正な監視システムとして，いかに機能しうるかである。現に，大幅な加盟国選択権を認められながらも，国内化が急がれるIAS/IFRSでの公正価値評価や金融デリバティブなど，ドイツに伝統的な慎重原則重視の会計実務とのコンフリクトが予想される，将来予測事象の計上・測定を特徴とする会計方法の広がりのなかで，実効的な順法性監視メカニズムとしてこれをどう機能させうるかである。

むしろここでは，検証困難な将来事象会計の広がりを前に，財務情報の信頼性の確保を，実務上の数値そのものに依拠することから離れて，監査・監視制度の外形的に厳格化された装置・システムの機能に転嫁するところに，エンフォースメント・メカニズムの制度的意味があるとみなければならない。

連邦政府は，第1段階での会計検査機関による検査で，問題となるケースのおよそ95%は解決されるとみた。他方，エンフォースメント・システムが作動して10ヵ月たった2006年5月，H.O.ゾルムスをはじめとする43人の議員とFDP会派が，連邦政府に対して，ドイツ会計検査機関（DPR）の活動状況について，「いわゆる新会計警察（neue Bilanzpolizei）の成果」を問うとした，40項目にわたる質問を提出した。

　連邦政府は，これに逐一答えた上で，「BilKoGとそれにもとづく2段階エンフォースメント・システムによって，ドイツは国際的な要請に十分に応えるための前提がつくりだされたのであり，政府の判断ではこの方式がそれを実証している」[35]と述べた。いま，議員団の質問とそれへの政府回答の詳細は描くが，たとえばこの10ヵ月で，DPRは合わせて99件の検査を実施し，うち11件が具体的な証拠にもとづくもの，2件がBaFinの要請による検査（うち1件がSDAX企業），残りの86件が抽出検査（うちDAX 4件，SDAX 7件，MDAX 8件，TecDAX 5件）であり，検査全体では，DAXが5件，MDAX 10件，SDAX 11件，TecDAX 5件と，およそ3分の1がDAX系市場の企業が占めている，などとその実施状況を報告している。その上で連邦政府は，議員団の最後の質問に答える形で，ドイツのエンフォースメント方式がCESRの第1基準（前述）の原則と一致して，所要の措置を行うに必要な権限をもつ国家機関（BaFin）が，会計基準の遵守・監視に最終的な責任を負うシステムとして適切に機能していることを強調している。

　とはいえ，このシステムが"牙を抜かれた虎（zahnloser Tiger）"[36]に終るのではという危惧が広がるなかで，今後，具体的なケースでの適用をつうじてその真価が試されるところである。

注
（1）OECD［2004］, S. 11.（平田光弘［2001］，関 孝哉［2006］）。
（2）Ebenda, S. 19-28.
（3）Kommission der EU［2003a］, Aktionsplan.（高橋英治・山口幸代［2004］）。
（4）Ebenda, S. 9-10.　（5）Ebenda, S. 28-30.　（6）Ebenda, S. 12-13.
（7）Ebenda, S. 14.

(8) Kommission der EU ［2003b］, Europa-Rapid-Press Releases, S. 2.
(9) Ebenda, S. 1.
(10) Regierungskommission Corporate Governance ［2001］（早川　勝［2002］）。
(11) Ebenda, Rz. 16－17.　　(12)　Ebenda, Rz. 277－278.
(13) Regierungskommission ［2002, bearbeiten 2003, 2005, 2006］.（関　孝哉［2003］）。
(14) Ebenda, 1. Präambel, S. 1.
(15) Cromme, G. ［2005］, S. 5－6.
(16) CESR ［2002］.
(17) Ebenda, S. 3.　　(18)　Ebenda, S. 5－10.
(19) Deutsches Aktieninstitut ［2003］.　　(20)　Ebenda, S. 2－4.
(21) CESR ［2003a］. (Standard No.1)
(22) CESR ［2003b］, ［2004a, b, c］. (Standard No.2)
(23) Bundesregierung ［2003］.　　(24)　Begründung ［2004］. S.11.
(25) BilKoG ［2004］.（佐藤博明［2006］）。
(26) Deutsches Aktieninstitut ［2004］.
(27) Scheffler, E. ［2005］. シェフラーによれば、リスク・グループ1に分類されているC-Dax 上場の 340 社とリスク・グループ 2 の地方市場等上場の 677 社を合わせて 1,017 社が抽出検査の対象となりうるとされている。
(28) Biener, H. ［2005］, S. 102.　　(29)　Baetge, J. ［2004］, S. 428.
(30) Hommelhoff/Mattheus ［2004］, S. 93.　　(31)　Ebenda, S. 94.
(32) Biener, H. ［2005］, a.a.O., S. 99. (Vgl. Allgemeine Begründung zum Entwurf BilKoG, BT-Drs. 15/3421, S.12.)
(33) Böcking, H. ［2004］, S. 6.　　(34)　Biener, H. ［2005］, a.a.O., S. 99.
(35) Deutscher Bundestag ［2006］.
(36) Deutsche Bank Research ［2004］, S. 15.

参　考　文　献

Baetge, J. ［2004］, Anmerkungen zum deutschen Enforcement-Model, in ZHR, 168 (2004), S, 428－433.
Begründung zum Entwurf eines BilKoG ［2004］, Drucksache 15/3421.
Biener, H. ［2005］, Bilanzrechsreform 2005 ： BilReG/BilKoG, Köln 2005.
BilKoG ［2004］, Gesetz zur Kontrolle von Unternehmensabschlüssen (Bilanzkontrollgesetz-BilKoG), Bundesgesetzblatt Jahrgang 2004 , Teil 1 Nr. 69.
Böcking, H. ［2004］, Corporate Governance und Enforcement, Schmalenbach-Tagung 2004, Köln, 29. April 2004.
Bundesregierung ［2003］, Maßnahmenkatalog der Bundesregierung zur Stärkung der Unternehmensintegrität und des Anlegerschutzes, 25. Febr. 2003.
CESR ［2002］, Consultation Paper, Proposed Statement of Principles of Enforcement of Accounting Standards in Europe, 22. Oct. 2002.

第4章　EUとドイツにおける会計エンフォースメント

CESR [2003a], Standard No.1 on Financial Information : Enforcement of Standards on Financial Information in Europe, 12. March 2003.
CESR [2003b], Consultation Paper, Draft Standard No.2 on Financial Information : Coordination of Enforcement Activities, 7. Oct. 2003.
CESR [2004a], Feedback Statement, Standard No.2 on Financial Information : Coordination of Enforcement Activities, March 2004.
CESR [2004b], Standard No.2 on Financial Information : Coordination of Enforcement Activities, April 2004.
CESR [2004c], Guidance for Implementation of Coordination of Enforcement of Financial Information, (Implementation of CESR Standard No.2 on Financial Information — Coordination of Enforcement Activities), June 2004.
Cromme, G. [2005], Corporate Governance in Deutschland — nach drei Jahren Kodex-Erfahrung, 4. Konferenz Deutscher Corporate Governance Kodex am 24. Juni 2005 in Berlin.
Deutsches Aktieninstitut [2003], Comments on the CESR Consultation Paper regarding the proposed Statement of Principles of Enforcement of Accounting Standards in Europa, 13. Jan. 2003.
Deutsches Aktieninstitut [2004], Stellungnahme zum Entwurf eines Gesetzes zur Kontrolle von Unternehmensabschlüssen・BilKoG, 19. Januar 2004.
Deutsche Bank Research [2004], EU-Monitor, Finanzmarkt Spezial.
Deutscher Bundestag [2006], Antwort der Bundesregierung auf die kleine Anfrage der Abgeordneten Dr. Hermann Otto Solms, Birgit Homburger, Hartfrid Wolff (Rems-Murr), weiter Abgeordneter und der Fraktion der FDP, — Drucksache 16/1460 —, 29. Mai. 2006.
Hommelhoff/Mattheus [2004], BB-Gesetzgebungsreport : Verlässliche Rechnungslegung-Enforcement nach dem geplanten Bilanzkotrollgesetz, in BB Heft 2, 2004, S. 93-100.
Kommission der EU [2003a], Modernisierung des Gesellschaftsrechts und Verbesserung der Corporate Governance in der EU — Aktionsplan, 21. Mai 2003.
Kommission der EU [2003b], Europa-Rapid-Press Releases, Gesellschaftsrecht und Corporate Governance : Kommission legt Aktionsplan vor, 21. Mai 2003.
OECD [2004], OECD-Grundsätze der Corporate Governance, Neufassung 2004.
Regierungskommission Corporate Governance [2001], Bericht der Regierungskommission Corporate Governance — Unternehmensführung — Unternehmenskontrolle — Modernisierung des Aktienrechts, Juli 2001.
Regierungskommission Corporate Governance [2002], Deutscher Corporate Governance Kodex, 2002, bearbeiten 2003, 2005, 2006.
Scheffler, E. [2005], Enforcement auf erster Stufe — Die Deutsche Prüfstelle für Rechnungslegung, FREP Frankfurt, 6. Juli 2005.
Wulf, I. [2005], Corporate Governance und Rechnungswesen — Qualität und Kontrolle

der Finanzberichtersttatung von Unternehmen —, in : Deutsch-Japanisches Symposium, "Management" Vorträge.

関　孝哉［2003］「ドイツ・コーポレート・ガバナンス規範」（2003年5月改訂版），『商事法務』No.1675, 2003年10月, 95-100頁。

関　孝哉［2006］「国際間のコーポレート・ガバナンス論」『コーポレートガバナンスとアカウンタビリティー』商事法務, 2006年, 第2章4。

高橋英治・山口幸代［2004］「欧州におけるコーポレート・ガバナンスの将来像—欧州委員会行動計画書の分析—」『商事法務』No.1697, 2004年5月, 102-112頁。

早川　勝［2002］「（翻訳）業務の執行・監督・株式法の現代化—ドイツ『コーポレート・ガバナンス委員会』報告書—」同志社大学『ワールド・ワイド・ビジネスレビュー』第3巻1号, 2002年, 124-146頁。

平田光弘［2001］「OECDのコーポレート・ガバナンス原則—デジューレ・スタンダード—」『経営研究所論集』第4号, 2001年2月, 277-291頁。

佐藤博明［2006］「ドイツにおける会計エンフォースメントの形成」『會計』第170巻3号, 2006年9月, 119-131頁。

(佐藤　博明)

第5章
IAS/IFRS 適用と第三国会計基準に対する同等性評価
―会計の 2007 年問題から 2009 年問題へ―

は　じ　め　に

　EU における会計基準のコンバージェンス（収斂化）は，会社法改革と資本市場法改革との相互の連携のもとに行われてきた。EU 域内企業（資本市場指向企業）の連結決算書に IAS/IFRS の適用を義務づける「IAS 適用命令」[1]（No. 1606/2002, 2002 年 7 月 19 日付）はすでに発効し，連結決算書と IAS/IFRS 適用の加盟国選択権を委ねた個別決算書を含めての法整備が EU 加盟国において会社法改革として実施された。それと接続して，資本市場の発行開示，継続開示，臨時開示にかかわる「目論見書指令」[2]（2003/71/EC, 2003 年 11 月 4 日付），「透明性指令」[3]（2004/109/EC, 2004 年 12 月 15 日付），「市場濫用指令」[4]（2003/6/EC, 2003 年 1 月 28 日付）等に対応する資本市場法改革の立法措置が講じられてきた[5]。これらの制度改革は EU が金融サービスの統合市場を実現するうえで，EU 委員会が公表した「金融サービス：金融市場大綱の転換：行動計画」[6]（1999 年 5 月）とそれに続く「EU の会計戦略：将来の進路」[7]（2000 年 6 月）において予定した一連の立法計画に従ったものである。

　とくに，IAS 適用命令，目論見書指令，透明性指令の法措置をつうじて，EU においては，資本市場指向の域内企業に対して，2005 年 1 月 1 日以降に始まる営業年度から，その連結決算書に対して IAS/IFRS 適用が原則的に義務づけられることになり，EU 資本市場を利用する域外企業については，2005 年 1 月から 2 年間の移行措置によって本国基準の採用が認められた。ただし，当該域外企業については，2007 年 1 月 1 日以降に始まる営業年度からは，

IAS/IFRS またはそれと「同等」の会計基準の適用を義務づける方針が示されている。EU 域外の第三国の会計基準が IAS/IFRS と同等の会計基準であるかの判定は 2007 年までに行われる予定であり，その経過と結果に応じて，EU ならびに域外第三国の会計基準のコンバージェンス（収斂化）への対応状況が変わる可能性もある。そして，こうした IAS/IFRS 適用とそれから派生する同等性評価の課題を取り巻く状況は，2007 年のデッドラインを象徴していわゆる会計 2007 年問題とも呼ばれている（後述するように，この期限は 2009 年まで延期された）。

そこで，本章では，EU 資本市場において IAS/IFRS 適用が促した第三国会計基準に対する同等性評価の問題を対象にしながら，EU における会計基準のコンバージェンスの進展内容について検討する。EU における会計基準のコンバージェンスは現在，カナダ，アメリカ，日本等の第三国を含む世界的規模で議論されており，そこにおいてどのような課題が提起されて（ようとして）いるのか，あわせて展望してみたい。

第1節　第三国会計基準に対する同等性評価への EU の要請

(1)　同等性評価を巡る法的関係

2000 年のリスボン欧州閣僚会議は，金融サービスの統一市場の実現を加速するため，金融サービス行動計画[8]（FASP : Financial Services Action Plan）を 2005 年までに完全実施するタイトな日程を決議した。IAS 適用命令はこの日程に沿って，2005 年 1 月からすでに発効した。EU 理事会と EU 議会が 2003 年 11 月 4 日付で承認した目論見書指令と 2004 年 12 月 15 日付で承認した透明性指令は，この目的を実現するために 2001 年ストックホルム閣僚理事会と 2002 年の EU 議会で決定された立法手続きの 4 段階アプローチ（本質的な原則，実行措置・協力，エンフォースメント，法的措置）を採用する[9]。資本市場における発行開示を規制する目論見書指令は，その有価証券を EU の規制市場で認可されるか，その有価証券を欧州で公募発行することを希望する第三国の証券

図表 5-1　IFRS 適用と同等性評価の経路

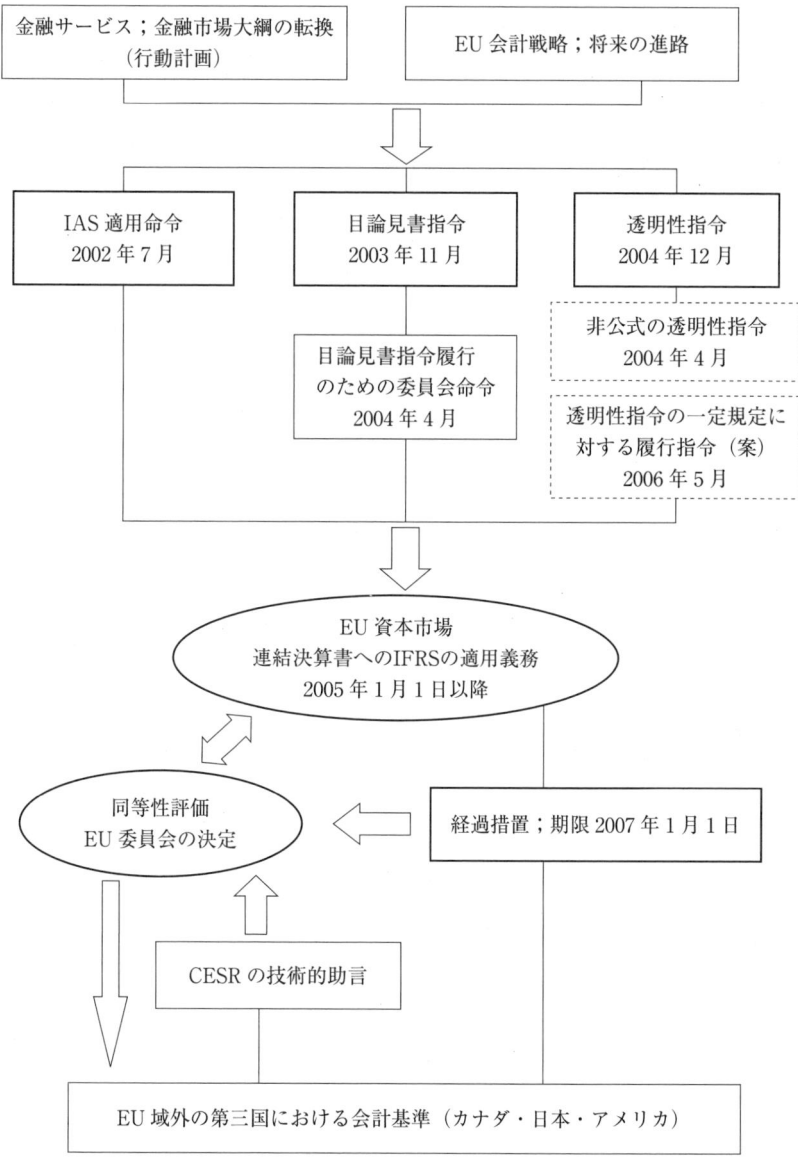

```
┌─────────────────────┐  ┌─────────────────────┐
│ 金融サービス；金融市場大綱の転換 │  │  EU 会計戦略；将来の進路   │
│      （行動計画）      │  │                     │
└──────────┬──────────┘  └──────────┬──────────┘
           │                        │
           └───────────┬────────────┘
                       ▼
┌──────────────┐ ┌──────────────┐ ┌──────────────┐
│ IAS 適用命令  │ │ 目論見書指令  │ │  透明性指令   │
│  2002 年 7 月 │ │ 2003 年 11 月 │ │ 2004 年 12 月 │
└──────┬───────┘ └──────┬───────┘ └──────┬───────┘
       │                │                │
       │                │         ┌ ─ ─ ─┴─ ─ ─ ─ ┐
       │                │           非公式の透明性指令
       │                │         │  2004 年 4 月   │
       │                │         └ ─ ─ ─ ─ ─ ─ ─ ┘
       │         ┌──────▼───────┐ ┌ ─ ─ ─ ─ ─ ─ ─ ─ ┐
       │         │ 目論見書指令履行 │  透明性指令の一定規定に
       │         │  のための委員会命令│ │ 対する履行指令（案） │
       │         │   2004 年 4 月  │   2006 年 5 月
       │         └──────┬───────┘ └ ─ ─ ─ ─ ─ ─ ─ ─ ┘
       │                │                │
       └────────────────┼────────────────┘
                        ▼
            ╭───────────────────────╮
            │       EU 資本市場        │
            │ 連結決算書へのIFRSの適用義務 │
            │   2005 年 1 月 1 日以降    │
            ╰───────────┬───────────╯
                        ▲
    ╭───────────────╮   │   ┌─────────────────────┐
    │   同等性評価    │◀──┼───│ 経過措置；期限 2007 年 1 月 1 日 │
    │  EU 委員会の決定 │       └─────────────────────┘
    ╰───────┬───────╯
            │       ▲
            │       │
            │  ┌────┴──────┐
            │  │ CESR の技術的助言 │
            │  └────┬──────┘
            ▼       │
    ┌──────────────────────────────────────────┐
    │ EU 域外の第三国における会計基準（カナダ・日本・アメリカ） │
    └──────────────────────────────────────────┘
```

発行者に対して，2007年1月1日以降に開始する営業年度から，EUによって承認された (endorsed) IAS/IFRS もしくは承認された IAS/IFRS と同等であることを条件にした第三国会計基準に準拠し作成される財務諸表を含む目論見書を公表することを要請する。とくに2007年1月までの移行措置と同等性の評価に関しては，後述するように，「目論見書指令 (2003/71/EC) の履行のための2004年4月29日付のEU委員会命令」[10] ((EC) 809/2004) において法的に規制される。同様に，資本市場の継続開示を規制する透明性指令によれば，その有価証券がEUの規制市場で取引認可される第三国の証券発行者は，2007年1月1日以降，IAS/IFRS もしくは承認された IAS/IFRS との同等性を条件に第三国会計基準に準拠した年次財務報告書，半期財務報告書を作成しなければならない。その間の移行措置等に関しては，透明性指令に加えて，EU委員会が2004年4月に透明性指令の前段階として公表した「非公式の透明性指令」[11] においても法的に要請される。そして，目論見書指令，透明性指令ならびに目論見書指令を履行するための委員会命令および非公式の透明性指令が指示する法的手続き（4段階アプローチ）を前提に，EU委員会に対して，第三国会計基準がIAS/IFRSと同等であるか否かの決定が要請されるのであり，EU委員会は2006年6月にEU内の証券規制当局から構成されるCESR（欧州証券規制当局委員会）に対して，一定の第三国の会計基準（ベンチマークとしてカナダ，日本，アメリカの会計基準[12]）とIAS/IFRSとの間の同等性評価ならびに財務情報のエンフォースメントに関する技術的助言 (a technical advice) に対する委任を行ったのである。

いま，同等性評価を巡る法的関連を概略すると図表5-1のようになる。

(2) IAS適用命令と同等性問題

さて，EUにおける同等性評価の問題は会計基準のコンバージェンス問題と直結する。そして，EUにおける会計基準のコンバージェンス問題はIAS適用命令が基点をなすといってよい。かつて，EU指令を手段にして域内諸国の会計基準の調和化を促してきたEUは，新規のEU指令の開発を断念し，新しい

会計戦略のもとで，国際標準と想定した IAS/IFRS を軸にその受容をつうじて，欧州の統一資本市場とそのインフラ整備としての共通の会計基準にもとづく決算書の比較可能性の獲得の実現を図ってきた。その戦略転換を示したのが「金融サービス：金融市場大綱の転換：行動計画」（1999 年 5 月）と「EU の会計戦略：将来の進路」（2000 年 6 月）であり，その延長線上に IAS 適用命令（2002 年 7 月）がある。

IAS 適用命令はその第 4 条において，「加盟国の国内法に服する会社は，2005 年 1 月 1 日以降に始まる営業年度について，有価証券サービスに関する 1993 年 5 月 10 日付の理事会の指令第 13 条 1 項の意味での規制市場においてその時々の決算日にある加盟国で有価証券の取引が認可されている場合，第 6 条 2 項の手続きにより承認された国際的会計基準にもとづいて連結決算書を作成する」と規定し，2005 年 1 月 1 日以降に開始する営業年度から資本市場指向会社[13] の連結決算書につき IAS/IFRS の適用を義務づけている。

ただし，IAS 適用命令は，第 9 条の移行規定において，次のように規定する。

「4 項と離反して，加盟国は，a) 理事会指令 93/22/EEC 第 1 条 13 項の意味での加盟国の規制市場において，もっぱら負債証券が取引認可されている，b) その有価証券が非加盟国において公式取引が認可され，当該目的のため EU 公報において本命令が公示される前より始まる営業年度以降に国際的に認められる基準を適用している会社については，2007 年 1 月 1 日以降に開始する営業年度に第 4 条をはじめて適用することを規定することができる。」

IAS 適用命令が掲げる 18 の論点整理のうちの第 17 によれば，IAS/IFRS 適用の猶予期限については，「加盟国は自身の有価証券の取引が共同体もしくは第三国における規制市場で認可され，自身の連結決算書をすでにその他の国際的に認められた会計基準[14] に基礎づけられている，ならびに負債証券のみが規制市場において取引認可されているすべての企業に対して，2007 年までに一定の規定の適用の延長を認めなければならない。しかし，遅くとも 2007 年までにはその有価証券の取引が規制市場で認可されるすべての共同体企業にとってのグローバルな国際的会計基準の統一規則として IAS を適用することは

放棄できない」と説明されている。そして，このIAS適用命令第9条の示す経過措置の終了する2007年1月1日が，IAS適用命令と接続した目論見書指令と透明性指令の指定したEU委員会が義務づけられる第三国の会計基準への同等性評価の期限と重なるのである。

(3) 目論見書指令と同等性評価

「目論見書指令」は，EU資本市場において資本調達を行う証券発行者に対して，目論見書の作成と開示を規制する。2003年11月に承認された目論見書指令（2005年7月1日施行）は，証券発行者に対して，原則としてIAS/IFRS準拠の連結決算書の発行開示を義務づけている。ただし，目論見書指令は，第三国の証券発行者に対して，IAS/IFRSとの同等性を条件に，当該発行者の本国会計基準の採用を容認する。

目論見書指令は，第20条1項において，本国会計基準採用の容認について，次のように規定している。

「本来加盟国の所轄当局は，第三国に住所を置く発行者に対して，規制市場での公募ないし取引認可に際して，当該第三国の法規定に従い作成される目論見書を，a) 当該目論見書がIOSCOの開示基準を含む有価証券監督局の国際的機関により確認された国際的基準に従い作成されるとき，b) 財務情報にも関連した情報義務が本指令の要請と同等であるとき，承認することができる。」

IAS適用命令は規制市場で資金調達する企業の連結決算書について国際的に認められた会計基準（IAS/IFRS）の適用を2005年1月から義務づけているが，目論見書指令の場合，IAS/IFRSと同等の会計基準の適用も容認する。「目論見書指令の履行のための2004年4月29日付のEU委員会命令」（(EC) 809/2004）（以下，目論見書指令履行命令）第35条1項によれば，第三国の証券発行者が提供する目論見書における歴史的財務情報をIAS適用命令第3条に準じて適用されるIAS/IFRSもしくはIAS/IFRSと同等の第三国会計基準に準拠して作成することが要求される。また，第35条2項に示されるように，

財務情報がそうした会計基準に準拠して開示されなければ，修正再表示した財務諸表の形態で目論見書に提示されなければならない。

ただし，目論見書指令履行命令は，一定の条件付きの場合であるけれども，第三国発行者に対して，IAS/IFRS もしくは IAS/IFRS と同等の会計基準に準拠して作成されない歴史的財務情報を修正再表示する義務を免除する移行措置を含んでいる。目論見書指令履行命令は，この移行措置について，第35条3項および4項において次のように規定する。

「2007年1月1日まで，IAS 適用命令に従い，歴史的財務情報を修正再表示する義務は，ⅰ) 2007年1月1日までに規制市場においてその有価証券の取引が認可されている，ⅱ) 第三国の国内会計基準に従い歴史的財務情報を表示および作成している証券発行者については適用しないことができる。この場合，歴史的財務情報は，目論見書に記載される財務情報が発行者の資産，負債，財務状態，損益について真実かつ公正な写像を提供しないときには，より詳細および／もしくは追加的情報を伴わなければならない。」(3項)

「IAS 適用命令第9条に言及されるように，国際的に認められた会計基準に従い作成した歴史的財務情報を有する第三国の発行者は2007年1月より前の目論見書において，修正再表示の義務を強いられることなく，当該情報を使用することができる。」(4項)

しかし，2007年1月1日以降の目論見書に関しては，そうした移行措置の例外はもはや適用されず，IAS/IFRS ないしそれと同等の会計基準に準拠して作成されない財務情報は修正再表示が義務づけられることになる。その点につき，目論見書指令履行命令は，第35条5項において，次のように規定している。

「2007年1月1日から，第三国の発行者は，3項および4項に言及されるように，EU 委員会が設定しなければならないメカニズムに準じた同等性の確認に従う3項1号において言及される歴史的財務情報を作成しなければならない。このメカニズムは指令 2003/71/EC 第24条に対して指示される委員会手続きをつうじて策定されなければならない。」

つまり，目論見書指令とその実施のための技術的措置と位置づけられる目論見書指令履行命令においては，目論見書に記載される財務情報に関して，国際的に認められた会計基準の適用あるいは財務情報の真実かつ公正な写像の提供を条件に，第三国の証券発行者に対して，IAS/IFRS とそれと同等の会計基準の適用を免除する経過規定を置いている。しかし，その経過措置は 2007 年 1 月 1 日が期限であり，その後の取り扱いを EU 委員会の同等性評価に関する決定に委ねたのである。

(4) 透明性指令と同等性評価

2004 年 12 月 15 日付で採択された「透明性指令」(2007 年 1 月 20 日施行) は EU 資本市場で資本調達する証券発行者に対して，監査済の年次財務報告書 (Jahresfinanzberichte)，半期財務報告書 (Halbjahresfinanzberichte)，事業展開の中間報告，年次報告書および半期報告書に対する責任者の言明などの継続開示を義務づけ，年次財務報告書および半期財務報告書については原則，IAS/IFRS の適用を義務づけている。この透明性指令もまた，目論見書指令と同様に，第 23 条 1 項において，同等性について次のような規定を置いている。

「第三国において発行者が居住するときには，本来加盟国の所轄当局は当該発行者に対して，当該第三国の法が少なくとも同等の条件を満たすかもしくは本来加盟国の所轄当局が同等とみなす第三国の法規定の条件を満たす限り，第 12 条 6 項および第 14 条，第 15 条および第 16 条から第 18 条の条件を適用除外とすることができる。」

また，第 23 条 4 項においては，同等性評価の実施措置に関して次のように規定する。

「1 項の統一的適用を確保するために，EU 委員会は第 27 条 2 項が掲げる方法に従い，ⅰ）第三国の法規定および行政規定に定められる情報をともなう決算書を含む本指令に従い要請される情報の同等性についての確認を保証するメカニズムを構築するため，ⅱ）証券発行者が居住する第三国がその法規定，行政規定ないし国際的組織により確認される国際的基準に指示される

実践もしくは方法にもとづき,本指令の情報要件の同等性を保証することを確認するための実施措置を講ずることができる。」

この透明性指令の規定と同様の同等性評価に関する規定を定めているのが,EU委員会が透明性指令の前に非正規の法文として公表した「有価証券が規制市場で取引認可される発行者についての情報に関する透明性要件の調和化および指令2001/34/ECの修正に対するEU議会およびEU理事会の指令(に対する方策)」[15],いわゆる「非公式の透明性指令(a informal and unofficial codified version of the transparency directive)」(2004年4月22日付)である。

この非公式の透明性指令第19条1項ならびに1a項では次のように規定される。

「証券発行者の登録事務所が第三国にあるところでは,本来加盟国の所轄当局は,当該発行者が当該第三国の法が同等性の必要条件を規定するかもしくはその発行者が本来加盟国の所轄当局が同等とみなす(consider as equivalent)第三国の法の要件を満たしている場合に,第4条から第7条,第11条4項,第11b条,第11c条および第12条から第14条のもとでの要請を適用除外とすることができる。」(1項)

「1項から離反して,第三国に事務所を登録する証券発行者は,当該発行者がIAS適用命令第9条に言及する国際的に認められる基準に従って自身の財務諸表を作成するときには,2007年1月1日以降に開始する会計年度より前に第4条もしくは第5条に合致する財務諸表を作成することから適用除外しなければならない。」(1a項)

また,非公式の透明性指令では,この第19条1項を受けて,第19条3項において実施措置が次のように規定される。

「1項の統一的適用を促進するために,EU委員会は第23条2項が言及する手続きに従い,ⅰ)本指令のもとに要求される財務諸表を含む情報および第三国の法,規定および行政規定で要請される財務諸表を含む情報をともなう決算書を含む情報の同等性についての確認を確実なものにするメカニズムを構築するため,ⅱ)その国内の法,規定,行政規定ないしもしくは国際的

組織が策定する国際的基準に指示される実践もしくは方法の理由から，本指令の前提とする情報要件の同等性を発行者の登録する第三国が保証することを確認するための実行措置を採用しなければならない。」

同等性の評価について，透明性指令第23条4項が次のように規定するところである。

「EU委員会は，第27条2項において述べた手続きに従い第30条3項に確定される条件のもとで，第31条で言及される日付から遅くとも5年間のうちに，第三国に居住する証券発行者が利用する会計基準の同等性について必要な決議を行わなければならない。EU委員会が第三国の会計基準が同等でないと決定するときには，当該証券発行者が当該会計基準を適切な移行期間の間，引き続き使用することを容認することができる。」[16]

つまり，透明性指令（および非公式の透明性指令）は，EU市場における証券発行者に対して，その財務諸表を含む財務情報が，国際的に認められる会計基準に準拠しているか，もしくは証券発行者の本国会計基準がIFRSと同等か，ないしEUの本来加盟国の所轄当局がIAS/IFRSと同等とみなす場合，IAS/IFRS適用から除外することを容認し，とくに同等性の評価に関してはEU委員会が評価のメカニズムを設けるための実施措置を講じたうえで，同等性の評価を下すことを義務づけたのである。

第2節 同等性評価に関するCESRの技術的助言

(1) CESRの同等性評価に関する概念書

すでに述べたように，EUは，2007年1月1日以降，EU域外第三国の証券発行者に対してIAS/IFRSないしそれと同等の会計基準の適用を義務づけることを予定し，EU委員会はIAS適用命令と目論見書指令が指示する2007年1月1日の経過措置の期間満了までに，第三国の会計基準に対して同等性の評価を下すことが義務づけられている。この域外第三国の本国会計基準とIAS/IFRSとの同等性評価の過程のなかで，EU委員会は，CESR（欧州証券規

制当局委員会)に対して2005年6月末までに域外第三国(日本・アメリカ・カナダ)の会計基準に対する同等性に関する技術的助言を行うことを委任した[17]。

EU委員会の指示した技術的助言の作業計画は図表5-2に示すとおりであるが、技術的評価を行う前段階として、2004年10月21日にCESRは同等性評価の目的、意義等についての概要を示した「特定第三国の会計基準の同等性および特定第三国の財務情報のエンフォースメントの説明に関する概念書(案)」を、その後、2005年2月3日にはその最終報告[18]を公表したのである。ここで、概念書の内容を概略するとおよそ次のとおりである。

① 同等性の目的

CESRは、同等性が意味するのは何かを決定することを、EU委員会の委任に着手するもっとも重要な問題の1つと確信する。この問題を長期に議論し、「同等 (equivalence)」とは一致 (identical) を意味するべきでないという明白な見方にたっており、むしろ、CESRは、第三国の会計基準のもとで作成される財務諸表が投資家に対して、IAS/IFRSにもとづき作成される財務諸表によ

図表5-2 一定の第三国におけるGAAPとIAS/IFRSとの間の同等性評価のためのCESRの作業計画

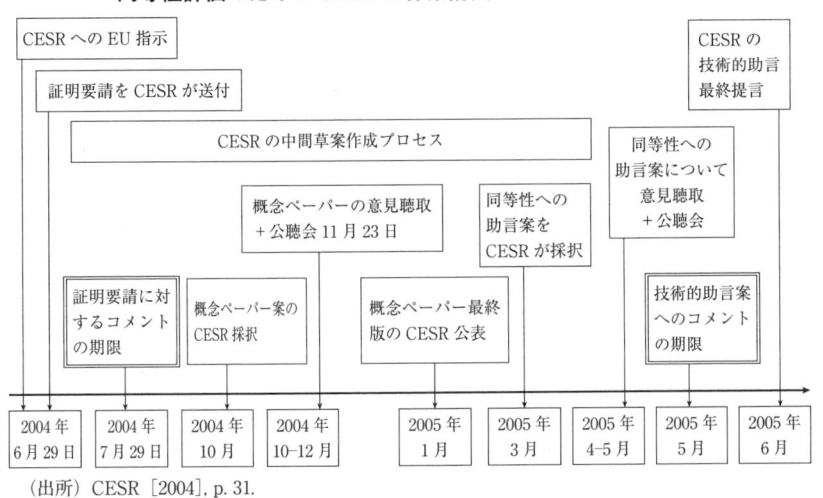

(出所) CESR [2004], p. 31.

って同様の投資判断が可能なときに，IAS/IFRS と同等と言明できると考えている (par.1)。また，CESR は，第三国の会計基準と IAS/IFRS の相違が必ずしも投資家の意思決定の相違をもたらすものでないことを知っている。たとえば，会計処理のいくつかの相違は法的要素の相違や税目的の簡便な会計から生じているために，同等性の条件にとって重要でないからである (par.2)。

② 一般原則の検討

一般原則の検討を行うために，CESR は，EU 委員会の委任のなかに言及される4つの情報特性，すなわち目的適合性，理解可能性，信頼性および比較可能性および第三国の会計基準が IAS/IFRS と類似の財務報告の問題を対象にしており比較可能な目標を有していることについて考慮に入れている (par.13)。

③ 技術的評価

委任において指示されるように，評価は 2005 年 1 月 1 日から発効する IAS/IFRS と第三国会計基準とを一体として基礎づけ行わなければならない (par.33)。IAS/IFRS と第三国会計基準は異なる法的環境のもとで発展してきており，会計基準全体として考慮されるべきものを識別する必要がある (par.34)。

④ 同等でない場合の評価

EU 委員会の委任は，CESR に対して，同等でない場合にどのような種類の補完措置（Remedy）を講ずるべきか，とくに，第三国の証券発行者がその財務諸表を修正再表示すべきか否か，より限定的な補完措置が講ぜられるか否かについて考慮することを要請する。補完措置をどうデザインするかを計画するときに，目論見書指令が同等でない場合について，修正再表示以外の補完措置を提供していないことを CESR は考慮する。透明性指令は同等でない場合の補完措置についてなんら示唆を提供していないので，CESR はこの2つの指令のもとで，一貫したアプローチを採るべきであり，補完措置の目的は投資家の同様の意思決定を可能とすることにあると考えている (par.52, par.53)。補完措置には追加開示 (additional disclosures)，調整表 (statement of reconciliation) の作成，補完計算書 (supplementary statement) の作成の3種がある。

IAS/IFRS との相違が開示条件の相違から生じているときには，IAS/IFRS のもとで必要とされるのと同程度の情報が追加表示されなければならない (par.56)。IAS/IFRS との相違が測定もしくは認識の相違から生ずるときには，国内会計基準から IAS/IFRS と同等となるような調整表が必要となる (par.57)。測定もしくは認識の相違が複雑多岐にわたる場合は，調整表は含意を十分に理解させるうえで複雑すぎるため，CESR は，既存の国内会計基準にもとづく財務諸表を拡充するための補完計算書（損益計算書，貸借対照表，可能ならキャッシュ・フロー計算書）を要求することが適切と考えている (par.58)。

⑤ 早期通知メカニズム

要求される会計基準の同等性評価は明らかに限定的であり，明示された時点の所与の状況が基礎となっている。IAS/IFRS およびその他の会計原則は変更されるために，EU 委員会は 2005 年 1 月 1 日に早期通知メカニズムについての助言を求めている (par.65)。早期通知メカニズムについては，この任務を適切に遂行する既存のもしくは新設機関が想定される (par.66)。補完措置が実行可能な事象においては，同等性の定期的な再評価が目的適合的だろう。現段階においては，この目的を果たすため毎年，6 月 30 日に再評価を行うことが望ましい (par.67)。

⑥ エンフォースメント・メカニズムの説明

EU 委員会の委任は CESR に対して少なくともカナダ，日本，アメリカが提供する第三国会計基準に影響を及ぼすメカニズム（監査およびコーポレート・ガバナンスの領域を除く）を記述することを求めている (par.71)。CESR の任務はそうしたメカニズムの有効性と効率性を評価することにない。第三国におけるエンフォースメント・システムの品質はそれが当該第三国の財務諸表の信頼性に影響を及ぼすにしても，会計基準の同等性の条件でないからである (par.72)。しかしながら，EU 委員会の委任に十分応えるために，第三国の会計基準に影響を及ぼすメカニズムにより何が理解されるべきか明確化することが必要であり，そうした明確化も概念書の目的である (par.73)。

(2) CESRの同等性評価に関する技術的助言書

CESRは，日本・アメリカ・カナダの各会計基準の同等性評価に関して，作業計画に従って，EUに対する「技術的助言書（案）」を2005年4月27日に公表し，関連当局の意見聴取を得たうえで「技術的助言書」の最終報告書[19]を2005年7月5日付で公表した。この助言書の内容はカナダ・日本・アメリカの各会計基準に対して「全体として同等」の評価を下しつつ，会計基準の重要な相違に関して一定の補完措置を要求するものであった。

技術的助言書のなかでは，冒頭の抜粋要約（par.2）および第1章3節（par.88）において，次のように記されている。

「CESRの助言はアメリカ，カナダおよび日本（以下，合わせて第三国）における『会計基準』（本文では，『一般に認められる会計原則（GAAP）』としているが，統一化を図るため会計基準として訳出。以下におけるその他の訳出も同じ。）のいずれもがIFRSと全体として（as a whole）同等であるが，CESRが重要と考えて提供する相違一覧に対応する次の補完的措置を講ずることを条件とするとするものである。

- 第三国会計基準では連結に組み入れられないが，IFRSの目的に照らせば連結の要求される，適格の特別目的会社（SPEs）のような下位機関を有する会社は，非連結の下位機関を含んだプロフォーマ（pro-forma）貸借対照表および損益計算書を報告する。

- 持分プーリング法により買収を会計処理するか，そして／もしくはIFRSもしくは他の第三国の会計基準と合致しない会計基準にもとづいて下位機関を連結している，日本の会計基準のもとで報告を行う会社は，企業結合と会計方針の統一を補ってIFRSにもとづくプロフォーマの貸借対照表および損益計算書を報告する。

- 日本およびアメリカの第三国証券発行者は，IFRSとの同等性（一致は必要でない）にもとづき，2007年1月1日以前の履行を目指してストックオプションの費用計上に対する会計方針を採用する。なお，われわれは，カナダがこのタイムテーブルに従いそうした基準を採用するための

図表 5-3　補完措置の対象となる重要な相違の要約

	カナダの会計基準	日本の会計基準	アメリカの会計基準
開示 A	・株主報酬（IFRS2） ・歴史的原価での少数株主持分（IFRS3） ・株式の段階的取得（IFRS2） ・従業員給付（IAS19） ・解体・撤去等コスト（IAS37） ・投資不動産（IAS40）	・株主報酬（IFRS2） ・歴史的原価での少数株主持分（IFRS3） ・株式の段階的取得（IFRS2） ・保険契約（IFRS4） ・工事契約（IAS4） ・不良債権（すでに開示のものを除く。IAS12, 30） ・資産廃棄義務のコスト（IAS16） ・従業員給付（IAS19） ・のれんの移転（IAS21） ・金融商品の公正価値（IAS32） ・減損（IAS36） ・解体・撤去等コスト（IAS37） ・投資不動産（IAS40）	・株主報酬（IFRS2） ・歴史的原価での少数株主持分（IFRS3） ・株式の段階的取得（IFRS2） ・取替原価（IAS16） ・従業員給付（IAS19） ・減損（IAS36） ・解体・撤去等コスト（IAS37） ・投資不動産（IAS40）
開示 B	・企業結合（交換日IFRS3） ・負ののれん（IFRS3） ・LIFOの使用（IAS2） ・減損テスト（IAS36） ・農業会計（IAS41）	・株式報酬（IFRS2） ・企業結合（交換日IFRS3） ・研究開発の取得（IFRS3） ・負ののれん（IFRS3） ・LIFOおよび原価法の使用（IAS2） ・会計方針の不統一（IAS28） ・減損テスト（IAS36） ・開発費の資産計上（IAS38） ・農業会計（IAS41）	・株式報酬（IFRS2） ・企業結合（交換日IFRS3） ・研究開発の取得（IFRS3） ・負ののれん（IFRS3） ・LIFOおよび原価法の使用（IAS2） ・会計方針の不統一（IAS28） ・減損テスト（IAS36） ・開発費の資産計上（IAS38） ・農業会計（IAS41）
補完計算書	・連結範囲（支配の定義、IAS27）	・持分プーリング法（IFRS3） ・連結範囲（支配の定義、IAS27） ・会計方針の不統一（IAS28）	・連結範囲（支配の定義、IAS27）
今後の作業	・金融商品（IAS39） 開示 A の可能性	・金融商品（IAS39） 開示 A の可能性	・金融商品（IAS39） 開示 A の可能性

（出所）CESR［2005］, p. 9.

方策を計画していること，アメリカが 2006 年からほとんどのケースに適用可能となるよう，そうした基準を最近において採用したことを理解している。
・一定の特定の IFRS に関して，また適用可能ならば上述の補完措置に追加して，ときには記述的性格をもち，ときには数量的な性格をもつ追加開示が存在する。」

CESR の提起する重要な相違の要約一覧は，図表 5-3 に示すとおりであるが，技術的助言書においては，特定の個別会計基準に関して一定の補完措置を講ずることが要請され，この補完措置には追加開示と補完計算書の作成が挙げられている。2004 年の概念書の時点では，この補完措置のなかに調整表の作成が加えられていたが，技術的助言では調整表を作成するまでの重要な差異はなかったとして削除されている。

CESR のいう補完的措置の内容は次のように要約される。

① 追加開示

追加開示は，会計基準の相違が開示要件の相違に起因するときに要請される。技術的助言書はこの追加開示について，それを説明的開示であるとし，さらに「開示 A」と「開示 B」に区分している (par.32, par.99)。

このうち，開示 A は第三国会計基準にもとづき，すでに開示されている情報を拡充する定性的および／または定量的情報の追加開示であり，この開示には次のものが挙げられる (par.32, par.99)。

・関連する取引，事象の説明および当該取引，そうした取引や事象に対する第三国会計基準のもとでの会計処理方法の説明
・第三国会計基準のもとでの取引および事象の測定・認識のために使用される前提，評価方法や仮定（たとえば経済的データ）の指摘
・第三国会計基準に準拠して提供されていない場合の資産の公正価値に関する情報の開示

開示 B については，取引および事象が IAS/IFRS の規制に従って説明されていない場合，当該取引および事象の影響についての定量的指摘をいい，そう

した定量化は，相違がもたらす証券発行者の損益もしくは株主持分に対する税効果のグロスとネットの影響を提供しなければならない（par.32, par.99）。

② 補完計算書

補完計算書とは，第三国会計基準および証券発行者の第一次財務諸表にもとづき作成され表示され，第三国の会計基準のもとでは表示されないか，もしくは十分適用されていないIAS/IFRSの必要条件の明確な観点を考慮に入れた限定的な修正再表示を含むところのプロフォーマ計算書をいう（par.33, par.101）。この補完計算書は財務状態やIAS/IFRSを全面適用した場合の証券発行者の成果を表示することを目的としておらず，特定の限定的なIFRSを反映させる修正を除外した，基本的には第三国会計基準にもとづく計算書である（par.34, par.103）。補完計算書は少なくとも，要約された損益計算書，貸借対照表および可能ならばキャッシュ・フロー計算書の形式で表示され，また追加開示の範囲によって補われる（par.35, par.104）。

技術的助言書においては，IAS/IFRSと第三国（カナダ，日本，アメリカ）の個別会計基準との間の重要な相違について，補完措置を加えた要約一覧表だけでなく，カナダ，日本，アメリカの会計基準それぞれの重要な相違について，問題点の説明を加えた些細な一覧表が掲示されている。そこにおいてCESRが指摘する主要な差異に関しては，カナダの会計基準が14項目（追加開示12項目，補完計算書1項目，今後の作業1項目），日本の会計基準については26項目（追加開示22項目，補完計算書3項目，今後の作業1項目），アメリカの会計基準については19項目（追加開示17項目，補完計算書1項目，今後の作業1項目）が列挙されている。この重要な相違の内容については，アメリカと日本の会計基準とで共通している項目が18項目あり，追加開示のうち開示Bの9項目は同一となっている。

その他，技術的助言書は第2章「カナダ，日本およびアメリカにおけるエンフォースメントの記述」において，第三国のベンチマークであるカナダ，日本，およびアメリカのエンフォースメント・メカニズムの詳細な説明がなされている。この一定第三国における財務情報のエンフォースメント・メカニズムの記

述は，CESR の質問書に対する 3 つの国の関連規制当局，すなわちカナダのオンタリオ証券委員会（OSC），日本の金融庁（FSA），アメリカの証券取引委員会（SEC）などからの回答にもとづくものであるとしている（par.174）。

第 3 節　EU の同等性評価の決定の延期

　この数年，IAS/IFRS と自国の会計基準のコンバージェンスを巡って，日本，カナダ，アメリカの取り組みの急速な展開があり，その動向は EU 委員会の同等性評価の決定にも少なからず影響を及ぼしている。2005 年 1 月には，日本の企業会計基準委員会（ASBJ）は IASB との間で IAS/IFRS と日本会計基準の相違の解消に向けたジョイントプロジェクトに合意し，2005 年 3 月には会計基準のコンバージェンスを一層加速化することを合意した。また，カナダでは 2006 年 1 月に，ACSB（会計基準審議会）が今後，5 年間でほぼ IAS/IFRS を採用するという戦略計画を公表した。そして，アメリカでは，2005 年 4 月に SEC（証券取引委員会）が IAS/IFRS にもとづく財務諸表に対して要求していた調整表（reconciliation）を 2009 年までに解消するための「ロードマップ」を，また，2006 年 2 月には FASB（財務会計基準審議会）と IASB が 2008 年までの会計基準のコンバージェンス計画に関する覚書（MOU）を公表した。そして，それらの動向に注目していた EU 委員会は，同等性評価の決定を予定より 2 年延長するための目論見書指令,透明性指令の改正案を公表したのである。

　その同等性評価の決定の 2 年延長案はすでに EU において何度か議論されていたが，2006 年 7 月 7 日開催の会計規制委員会（ARC）および連絡委員会の 21 回会合で提起された目論見書指令および透明性指令の修正された改正案が新しい[20]。その総会で EU 委員会は，CESR の意見に従い 2 つの指令修正案を提起した。

　EU 委員会は，透明性指令の改正（とくに第 23 条 4 項）について，「有価証券の第三国発行者による国際的に認められる会計原則の枠内で作成される情報の適用に関する委員会決定（案）」[21] として，次の内容を提示している。

「第1条

　2007年1月1日以降に始まる営業年度について，第三国における登録した事務所を有する証券発行者は，指令2004/109第4条および第5条が要求するように，IAS適用命令（No.1606/2002）第3条に準じて適用される国際的に認められた会計基準に従い，自身の年次連結財務諸表および半期連結財務諸表を作成しなければならない。

第2条

　第1条から離反して，第三国における登録した事務所を有する証券発行者は，2009年1月1日以降に始まる営業年度より前は，IAS適用命令（No.1606/2002）第3条に準じて適用される国際的に認められた会計基準に従い年次連結財務諸表および半期連結財務諸表を作成するという指令2004/109第4条および第5条における義務を，次の条件のうち1つを満たすときには免除されなければならない。

(a) 財務諸表に対する注記のなかに，IAS第1号『財務諸表の表示』に従ってIFRSと合致しているとする明確で全面的な記述を含むとき

(b) 財務諸表がカナダ，日本もしくはアメリカ合衆国のいずれかの会計基準に準拠して作成されているとき

(c) 財務諸表がカナダ，日本もしくはアメリカ合衆国以外の第三国の会計基準に準拠して作成され，（ⅰ）当該国内会計基準に責任ある第三国当局がその基準がIFRSとコンバージェンスしているという公式なコミットを行っている，（ⅱ）当該当局が2008年12月31日より前に，コンバージェンスに向けて進展させる意図を証明する作業計画を策定している，（ⅲ）当該発行者が上記の（ⅰ）（ⅱ）の条件を満たしていることを証明する証拠を監督当局に提供している，という条件を満たすとき。」

また，EU委員会は，目論見書指令の改正案について，「EU議会および理事会の委員会命令2003/71/EC（目論見書指令履行命令—引用者）を改正する委員会命令（案）」[22]として，次のような内容を提示した。

「委員会命令（No. 809/2004（EC））第 35 条を次のように改正する。
第 1 条
　(1)　5 項を次のように置き換える。
第 5 条　5a 項を条件に，2007 年 1 月 1 日から，3 項および 4 項において言及される第三国の証券発行者は，自身の歴史的財務情報を IAS 適用命令（No.1606/2002）のもとで採用される国際的会計基準もしくはそれらの基準に同等の第三国会計基準に従って提供しなければならない。そうした歴史的財務情報がそうした基準のどれにも準拠していないならば，修正再表示した財務諸表の形式で表示がなされなければならない。
　(2)　以下の 5a 項および 5b 項を挿入する。
5a 項　第三国証券発行者は次の条件のうち 1 つが満たされるときには，管轄当局に提出される目論見書に含まれる歴史的財務情報を修正再表示する義務が免除される。
- (a) 歴史的財務情報を含む財務諸表に対する注記に IAS 第 1 号「財務諸表の表示」に従って IFRS と合致しているとする明確で全面的な記述を含むとき，
- (b) 歴史的財務情報が，カナダ，日本もしくはアメリカ合衆国のいずれかの会計基準に準拠して作成されているとき，
- (c) 歴史的財務情報が，カナダ，日本もしくはアメリカ合衆国以外の第三国の会計基準に準拠して作成され，（ⅰ）当該国内会計基準に責任ある第三国当局がその基準が IFRS とコンバージェンスしているという公式なコミットを行っている，（ⅱ）当該当局が 2008 年 12 月 31 日より前に，コンバージェンスに向けて進展させる意図を証明する作業計画を策定している，および（ⅲ）当該発行者が上記の（ⅰ）（ⅱ）の条件を満たしていることを証明する証拠を監督当局に提供している，という条件を満たすとき。

5b 項　EU 委員会は IFRS とカナダ，日本およびアメリカ合衆国の会計基準とのあいだのコンバージェンスの進展の程度について注意深くモニターし，

CESRに通知し，そしてとくに，そのプロセスが満足いくほど進展していないときには即座にCESRに通知する。加えて，遅くとも2008年4月1日より前に，EU委員会はコンバージェンスの進展および第三国の規則のもとで共同体発行者に適用される調整表条件の除去に向けての進展について，CESR（およびEU議会）に報告しなければならない。EU委員会はその報告を別の者に依頼もしくは要請することができる。」

つまり，EU委員会は同等性評価の決定を延期し，その間のカナダ，日本およびアメリカのコンバージェンスの進展を注意深くみながら，同等性評価の決定を下す規定改正を提起したのである[23]。

おわりに

上述のEU委員会が提起した目論見書指令および透明性指令の改正案にみられるように，同等性評価の問題はアメリカ，カナダ，日本における会計基準の

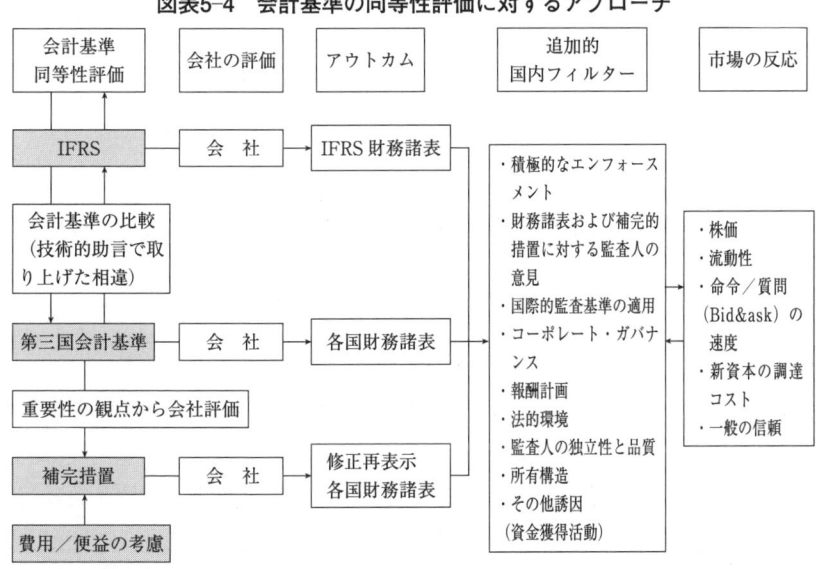

図表5-4　会計基準の同等性評価に対するアプローチ

(出所) CESR [2005], p. 14.

コンバージェンスの対応と有機的に関連しながら2009年にタイムリミットが移行し，IAS適用命令が提起したいわゆる2005年問題は，2007年問題を経てさらに2009年問題へと移行してきているということもできる。

では，その2007年問題ないし2009年問題はどのような課題を含意しているのだろうか。

CESRの技術的助言書によれば，第三国会計基準とIAS/IFRSの同等性の評価のアプローチは図表5-4のような経路をたどる。EU委員会の委任に応えて，CESRの同等性に関する評価（助言）は国家レベルの会計基準の技術的比較にあるが，会社レベルで作成される財務諸表を利用する投資家の意思決定を経て資本市場にまで影響を及ぼすことになる。したがって，CESRは，技術的助言書において，会計基準は純粋に技術的レベルでみれば孤立しているけれども，国家レベルにおいて，すべての問題を同等性プロジェクトに委ねるには十分な基礎とはなり得ないだろうとしている（par.41）。CESRの言葉を引くまでもなく，EUにおける同等性評価は，国際的な会計基準のコンバージェンスを絡めて，単純に技術的な会計問題として存在していない。近年，会計基準のコンバージェンス問題は世界的規模で論じられているが，その進展状況は，一国を越えた枠組みのなかで，会計（基準）が資本市場（エクイティファイナンス）との相互の関係で機能を果たしているということで議論されているだけでなく，EU，アメリカ，カナダそして日本等における国家的レベルの会計制度や資本市場の利害の国際的調和-対立のアンビバレントな過程としての様相を強くみせている。

それは，本章で考察してきたEUにおけるIAS適用命令とそこから派生した第三国（証券発行者）へのIAS/IFRS適用の経過措置・免除措置についての目論見書指令，透明性指令に関する複雑な法的措置の経過や今回の同等性評価の期限延長などからも読みとることができる。

また，そのことは，会計の2007年問題ないし2009年問題が投げかける会計利害の国際的調和がいかに困難なものかを示唆しているだろうし，そこにおいて，会計改革をもって，会計が国家の枠組みを超えて市場において果たす機能

と国家的利害にかかわる会計の機能とをあらためて重層的に考察する必要が提起されているとみることが重要だろう。

注
（1） Vgl., EU [2002].　　（2）　Vgl., EU [2003b].
（3） Vgl., EU [2004b].　　（4）　Vgl., EU [2003a].
（5） この経過については，佐藤誠二 [2005] の 65-81 頁ならびに佐藤誠二 [2003] を参照。
（6） Vgl.,Kommission der EU [1999].
（7） Vgl.,Kommission der EU [2000].
（8） FSAP すなわち「金融サービス：金融市場大綱の転換：行動計画」，その前に EU 委員会の公表した「金融サービス：行動大綱の策定」（1998 年 10 月）の EU 戦略については，佐藤誠二 [1998] の 10-15 頁を参照。なお，上記の 2 つの EU 委員会の公式意見書については，川口八洲雄 [2005] において詳細な紹介がある。
（9） この 4 段階アプローチは，2000 年 7 月に EU の経済財務相理事会において設置された賢人委員会（通称，ラムファルシー委員会）の報告書（2001 年 2 月）において提起されたもので，次の内容となっている。第 1 段階：本質的な原則を決定するのは EU 委員会，EU 議会，EU 理事会の通常の立法手続きに委ねる，第 2 段階：規制の実施措置は欧州証券委員会，欧州証券監督者委員会と EU 委員会との協力により決定される，第 3 段階：第 1 段階および第 2 段階の規制のエンフォースメントは欧州証券監督者委員会（ESRC-現在の CESR）に委ねる，第 4 段階：規制の受け入れ状況は EU 委員会がチェックし，必要な法的措置を講ずる。なお，この点については，佐藤誠二 [2005] の 61 頁を参照。
（10） Vgl., EU [2004a］．
（11） その他，透明性指令の実施指令として，EU 委員会が 2006 年 5 月 25 日に次の「透明性指令の一定規定に対する履行規定に関する指令（案）」を公表している。Vgl., Kommission der EU [2006].
（12） IASB のリエゾンメンバー（イギリス，フランス，ドイツ，アメリカ，カナダ，日本の 6 カ国＋オーストラリア・ニュージーランドの 1 地域）のうち，IAS/IFRS の国内適用を認めていない国は，カナダ，日本，アメリカの 3 カ国であり，EU 域外の第三国としてこの 3 カ国が同等性評価対象のベンチマークとなっている。
（13） ここでいう資本市場指向会社とは，組織化された市場において，なんらかの種類の有価証券が認可される会社およびその子会社を指す。
（14） この「その他の国際的に認められた会計基準」として IAS 適用命令は US-GAAP を想定している。EU は，IAS/IFRS を EU 資本市場に導入することによって，アメリカ証券市場に上場する EU 企業の IAS/IFRS 準拠の連結算書が，US-GAAP と IAS/IFRS とのコンバージェンスをつうじて将来，相互承認されることを期待している。
（15） Vgl., EU [2004c].

(16) 透明性指令第31条が指示する日付は2007年1月20日（指令の加盟国への転換期日）である。
(17) Vgl., European Commission [2004].
(18) Vgl., CESR [2004].
(19) Vgl., CESR [2005].
(20) 2006年4月24日に開催された会計規制委員会（ARC）および連絡委員会の20回会合でも，同等性評価の決定の2年延長案が審議され，目論見書指令および透明性指令の改正案が提示された。21回の会合では，両指令の改正案が修正されている。なお，会合の審議内容を示す議事録については，ARC [2006] を参照した。
(21) European Commission [2006a], pp.1-3.
(22) European Commission [2006b], pp.1-6.
(23) 会計規制委員会（ARC）および連絡委員会の会合では，この改正案を巡って，SECのIFRS財務諸表に対する調整表（reconciliation）の解消など，アメリカの今後の動向について加盟国の意見が主としてみられたようである。

参 考 文 献

ARC [2006], Draft Summary Record, Meeting of the Accounting Regulatory Committee and Contact Committee of 07. July 2006.

CESR [2004], Concept paper on equivalent of certain third country GAAP and on description of certain third countries mechanisms of enforcement of financial Information, consultation paper Ref : CESR/04-509 , October 2004, pp.1-30.

CESR [2005], Technical advise on equivalence of certain third country GAAP and on description of certain third countries mechanisms of enforcement of financial information, Ref. CESR/05-230b, June 2005,　pp.1-138.

EU [2002], Verordnung (EG) 1606/2002 des Europäischen Parlaments und des Rates vom 19.7.2002 betreffend Anwendung internationaller Rechnungslegungsstandards, Amtsblatt der EU, L 243/1-4.

EU [2003a], Richtlinie 2003/6/EG des Europäischen Parlaments und des Rates vom 28. Januar 2003 über Insider-Geschäfte und Marktmanipulation (Marktmissbrauch), Amtsblatt der EU, L 96.

EU [2003b], Richtlinie 2003/71/EG des Europäischen Parlaments und des Rates vom 4. November 2003 betreffend den Prospekt, der beim offe ntlichen Angebot von Wertpapieren oder bei deren Zulassung zum Handel zu veroffentlichen ist , und zur Änderung der Richtlinie 2001/34/EG, Amtsblatt der EU, L 345/64-89.

EU [2004a], Verordnung (EG) Nr. 809/2004 der Kommission vom 29. April 2004 zur Umsezung der Richtlinie 2003/71/EG des Europäischen Parlaments und des Rates vom 4. November 2003 betreffend den Prospekten enthaltenen Informationen sowie das Format, die Aufnahme von Informationen mittels Verweis und Veröffentlichung solcher Prospekt und Verbreitung von Werbung, Amtsblatt der

第5章　IAS/IFRS 適用と第三国会計基準に対する同等性評価　*169*

EU, L 149/1 - 260.
EU [2004b], Richtlinie 2004/109/EG des Europäischen Parlaments und des Rates vom 15. Dezember 2004 zur Harmonisierung der Transparenzanforderungen in Bezug auf Information über Emittenten, deren Wertpapiere zum Handel auf einem geregelten Markt zugelassen sind, und zur Änderung der Richtlinie 2001/34/EG, Amtsblatt der EU, L 390/38 - 57.
EU [2004c], (Proposal for a) Directive of the European Parliament and of the Council on the harmonization of transparency requirements with regard to information about issuers whose securities are admitted to trading on a regulated market and amending Directive 2001/31/EC, Institutional File: 2003/0045 (COD), 22. April 2004, pp.1 - 57.
European Commission [2004], Formal mandate to CESR, For technical advice in implementing measures on the equivalent between certain third country GAAP and IAS/IFRS, 25 June 2004, G2 D (22204).
European Commission [2006a], Draft Commission Decision, on the use by third country issuers of securities of information prepared under international accepted accounting standards, pp.1 - 3.
European Commission [2006b], Draft Commission Regulation; amending Regulation (EC) 809/2004 of 29. April implementing Directive 2003/71/EC of the European Parliament of the Councils regards Information contained in Prospectuses as well as the format, incorporation by reference and publication of such Prospectuses and dissemination of advertisement, pp.1 - 6.
Kommission der EU [1999], Mitteilung der Kommission vom 11. 05. 1999, Umsetzung des Finanzmarktrahmens : Aktionsplan, KOM (1999) 232, S. 1 - 30.
Kommission der EU [2000], Mitteilung der Kommission an den Rat und das Europäischen Parlament vom 13. 06. 2000, Rechnungslegungsstrategie der EU: Künftiges Vorgehen, KOM (2000) 359, S. 1 - 12.
Kommission der EU [2006], Entwurf Richtlinie../.../EG der Kommission womit Durchführungsbestimmungen zu bestimmten Vorschriften der Richtlinie 2004/109/EG zur Harmonisierung der Transparenzanforderungen in Bezug auf Information über Emittenten, deren Wertpapiere zum Handel auf einem geregelten Markt zugelassen sind, 24. 05. 2006, S. 1 - 19.
川口八洲雄 [2005]「EU の金融市場統合と会計戦略」川口八洲雄編『会計制度の統合戦略』森山書店，2005 年，13 - 50 頁。
佐藤誠二 [1998]『会計国際化と資本市場統合』森山書店，1998 年。
佐藤誠二 [2003]「EU における会計国際化の新たな展開―『IAS 適用命令』と『EU 指令の現代化構想』に関連して―」『會計』第 163 巻 1 号，2003 年，87 - 102 頁。
佐藤誠二 [2005]「EU における会計 2005 年問題」川口八洲雄編著『会計制度の統合戦略』森山書店，2005 年，51 - 77 頁。

(佐藤　誠二)

第6章
IAS/IFRS 導入以降のドイツの会計改革課題
― IAS/IFRS 適用が個別決算書に及ぼす影響 ―

はじめに

ドイツにおいては，2004年12月に「会計法改革法（BilReG）」[1]が施行され，EU企業の連結決算書に対する IAS/IFRS の適用ならびに EU 会計規範の現代化を目的として EU 委員会が公布した4つの法文書，すなわち「IAS 適用命令」および「規模基準値修正指令」，「現代化指令」，「公正価値指令」が国内法に転換された[2]。ただし，会計法改革法（以下，BilReG）は，2004年4月の政府草案時に予定したように，実質的には，上記4つの指令と命令のうちの次のような強制力をもつ欧州の計画をドイツ法に転換し，修正したものにほかならない[3]。

（ⅰ）資本市場指向の資本会社が連結決算書を IAS/IFRS に準拠して作成する義務
（ⅱ）非資本市場指向の会社に対する IAS/IFRS 適用選択権の承認
（ⅲ）個別決算書に対する IAS/IFRS の非開放
（ⅳ）（連結）附属説明書および（連結）状況報告書における記載義務の拡大
（ⅴ）資本会社およびコンツェルンに対する規模分類基準の引き上げ

他方，EU 法文書が加盟国に付与した計上・評価選択権の行使，公正価値評価の本格的導入等の諸課題の対応については，ドイツの場合，BilReG ではなく，今後，策定される「会計法現代化法（BilMoG）」に委ねられている。とくに，商法上の個別決算書については，BilReG は形式的および実質的会計政策に影響する規制をほとんど含まず，IAS/IFRS 適用によって生ずる個別決算書

の会計政策の変更についても会計法現代化法（BilMoG）の策定をまってはじめて明らかになるといわれるのである[4]（なお，後述するように，現時点における会計法現代化法の策定作業は，ドイツ会計基準委員会（DRSC）が『会計法現代化法に対するドイツ基準設定審議会の提案』を2005年5月3日に公表するにとどまり，具体的な法案までには至っていない）。

　そこで，本章においては，今日，急速に普及しているIAS/IFRSの適用問題を取り上げ，それに対してドイツで行われた会計法改革がどのような性格を有しているのか，IAS適用命令の商法会計規定（BilReG）への転換との関連を中心にみながら明らかにする。その上で，主として，ペレンス（B.Pellens）等の所説に依拠しながら，BilReG成立以後の，IAS/IFRS適用と個別決算書作成との関係にかかわる会計課題についての現在の論議をフォローし，予定される2005年以降の商法会計法改革がドイツの会計制度の有り様をどのように変えていくのか（あるいは変えないのか）について考察してみたい。

第1節　会計法改革法（BilReG）による商法改正

　BilReGの成立を促進した，IAS適用命令によれば，資本市場指向的な連結親会社およびその他の会社がIAS/IFRS準拠の個別決算書を作成するか否かは参加加盟国の立法裁量権に委ねられている。この関係は図表6-1に示すとおりであるが，BilReGは，このIAS適用命令が指示した適用義務に加えて加盟国立法選択権へのドイツ版の行使による関連規定の整備を示すものといってよい。

　BilReGは2004年10月19日にドイツ連邦議会において議員団すべての賛同

図表6-1　IAS適用命令における加盟国選択権

	連結決算書	個別決算書
資本市場指向会社	適用義務	適用選択権
その他の会社	適用選択権	適用選択権

を得て採択され，同年12月9日付で連邦官報に公示された。その内容は商法典を中心に，商法典施行法，開示法，株式法，株式法施行法，有限会社法，有価証券取引法，金融サービス監督法などの法改正に及ぶ大きな会計法改革であるが，とくに2005年1月1日のIAS/IFRS適用期限に対する会計基準の法的整備という性格を強く有している。商法会計法との関連でみるなら，まず，BilRegによって，商法典（HGB）第三編第二章第二節において「第10款　国際的会計基準にもとづく連結決算書」が新規に加えられ，そこに新設されたHGB第315a条では，資本市場指向親会社ならびに非資本市場指向会社であるが規制市場において有価証券の取引認可を申請した親会社に対して，連結決算書におけるIAS/IFRSの適用を義務づけ，また，IAS適用命令を補完して，IAS/IFRS適用義務の対象でないその他の非資本市場指向の親会社の連結決算書に対しても，IAS/IFRS適用の可能性（選択権）を与えた。

　また，個別決算書に対するIAS/IFRS適用に関しては，決算書の公示義務を定めるHGB第325条のなかに2a項（IASによる個別決算書の公示）を新設し，すべての資本会社の個別決算書に関してIAS/IFRS適用の可能性も認めている。ただし，個別決算書に関しては，あくまで情報提供目的に限定したIAS/IFRSの適用であり，依然として会社法目的ならびに税法目的のための商法準拠の個別決算書の作成も義務づけられることに変化はない。二重作成に関するコスト負担は，これも新設のHGB第325条2b項（2a項による個別決算書公示の免責効果）にもとづき，大規模資本会社については，IAS/IFRS準拠の個別決算書のみが連邦官報において公示されることで回避されるとしている[5]。

　ところで，従来から，ドイツにおける個別決算書と連結決算書は，商法にもとづき情報提供機能を有していた。商法によれば，決算書は「財産状態，財務状態および収益状態の実質的諸関係に合致した写像」（HGB第264条2項および第297条2項）を伝達しなければならない。会計責任機能と将来指向的情報の伝達はHGBに表現されていたが，ただし，連結決算書にはもっぱら情報提供機能が付与され，個別決算書には情報提供機能と並んで支払測定等のほかの機能も付与されてきた。この関係をペレンス等は会計報告目的と関連づけて図表

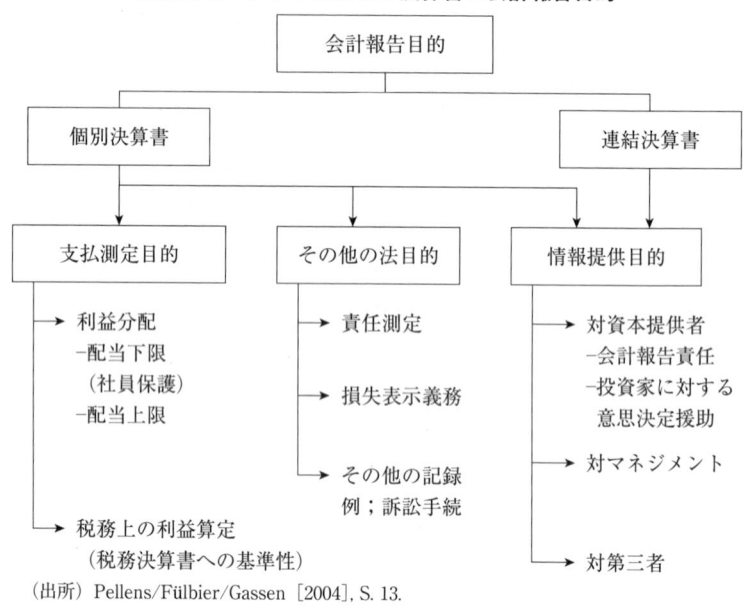

図表6-2 ドイツにおける決算書の会計報告目的

```
                      会計報告目的
                    ┌──────┴──────┐
               個別決算書          連結決算書
              ┌────┴────┐              │
        支払測定目的  その他の法目的   情報提供目的
          → 利益分配      → 責任測定      → 対資本提供者
            －配当下限                      －会計報告責任
             （社員保護）  → 損失表示義務   －投資家に対する
            －配当上限                        意思決定援助
                          → その他の記録  → 対マネジメント
          → 税務上の利益算定  例；訴訟手続
             （税務決算書への基準性）      → 対第三者
```

(出所）Pellens/Fülbier/Gassen［2004］, S. 13.

6-2のように示している。

　こうした商法決算書の会計報告目的・機能からすれば，IAS/IFRSの適用は，個別決算書と連結決算書の二元主義（Dualismus）[6]の問題を一層，顕在化させる。ペレンス等によれば，これまで，ドイツにおいて，IAS/IFRS適用は連結決算書に限定されることが少なくとも暗黙裏に仮定されていた。ドイツの法理解によれば，連結決算書は情報指向的 IAS/IFRS と適合する情報提供機能のみを有するのであり，支払測定機能は有していない。連結決算書は配当金額もしくは税務上の利益算定に関して，また債務超過測定といったその他の法目的に関して結びついていない。したがって，連結決算書については会社法全体からみてステイタスは比較的低い。連結決算書に限定した IAS/IFRS 適用は，多くの法技術的な混乱を回避するための1つの実践可能な解決であるとされる[7]。

　しかし，IAS/IFRS は連結決算書のみに限定して適用されるとは限らない。

IAS適用命令においてもEU加盟国に対して個別決算書についても適用する余地を与えており，ドイツ政府はBilReGをもってそれを履行し，情報提供目的に限定して個別決算書に対するIAS/IFRS適用を認めた。ただし，ペレンス等もいうように，BilReGをつうじて年度決算書と結びつく法改正は，商法上の個別決算書，とりわけ株式法第58条2項ないし有限会社法第29条において規定される利益配当，株式法第92条による債務超過測定，所得税法第5条1項1文の基準性条項をつうじて相変わらず商法と堅く結びついている税務上の所得算定に影響を及ぼすことになる[8]。

第2節 個別決算書へのIAS/IFRS適用の課題

さて，ドイツにおいては，IAS適用命令の立法選択権を行使して，連結決算書だけでなく，情報提供目的に限定して個別決算書に対してもIAS/IFRS適用が認められた。しかし，個別決算書に対するIAS/IFRSの実質的な計上と評価に関する規定の受容については，BilReGの立法理由書において，連邦政府が年度決算書はIAS/IFRSに依拠して作成される連結決算書と異なり，情報目的だけでなく配当測定の基礎，税務上の利益決定の基礎としても用いられる，と述べたことから否定されている。ドイツ経済監査士協会（IDW）も，個別決算書に対してIAS/IFRS適用の義務もしくは選択権を導入することは現時点では賛同され得ないという見解を示している。ただし，IDWは長期的展望と短期的展望に区分する必要性も指摘している。IDW見解によれば，長期的には，EU第4号指令の適用下のすべての企業は自身の個別決算書に対してIAS/IFRSを遵守して作成することが義務づけられなければならない。このことは，とくに連結決算書を作成しなくともよい取引所上場企業に妥当する。それ以外の企業の個別決算書に関しては，IAS/IFRSの計上および評価規定は原則的に修正されるべきではないけれど，たとえばキャッシュ・フロー計算書のような個別の報告書，記載義務についてはIAS/IFRSに対する一定の簡便措置を講ずることも可能であり，そうした個別報告，記載義務について個別にど

の程度,簡便化措置を講ずるべきかについては,基準設定主体,該当企業,決算書の受け手との立ち入った討議が必要ともしている[9]。

いずれにせよ,BilReG はその法務省案とその上に構築された政府法案とともに,個別決算書への IAS/IFRS 適用に対する商法会計規範の確定に際して,ドイツ経済監査士協会,ドイツ監督協会商法委員会,法学者連合会計法作業グループ等の指針を考慮して策定されたものである[10]。しかし,BilReG によって導入された既存の商法遵守の個別決算書と IAS/IFRS 準拠の個別決算書という二重の決算書作成は,大規模資本会社について商業登記所への公示免責が付与されたとはいえ,多くの企業にとって多大な追加的経費と結びつく。また,個別決算書にかかわる商法会計規範と会社法,税法との連携問題も根底にある。これらの課題について,ドイツではどのように問題提起がなされているのか,次にみてみよう。

(1) 会社法の保障システムとの連携問題

長期的に,IAS/IFRS を資本会社および有限責任の人的会社の個別決算書に導入するとすれば,EU 第 4 号指令の適用対象外のその他の企業の会計報告に対して将来,どのような要請が行われるかもまた,議論しなければならない。この長期的シナリオを実現するためには,会社法と税法の大幅な改正が必要である。ドイツにおいて,現在のところ,商法上の個別決算書はそこで表示される年度損益と自己資本とともに会社法上の保障システムの基礎を形成している。このことはドイツの会社法だけでなく,EU 第 2 号指令にもとづきすべての EU 加盟国の会社法にも当てはまる。個別決算書における IAS/IFRS の適用は支配的規制とは異なる利益算定構想にもとづいて,その保障システムの機能能力に大きな影響を及ぼすことになる。IAS/IFRS にもとづく利益実現は請負工事の場合の部分利益実現,一定の金融商品の場合の公正価値評価など多くの場合,調達価値原則および実現原則にもとづくものでない。したがって,IAS/IFRS の個別決算書への適用は,それと同時に個別決算書と EU 第 2 号指令との結合が適切な方法で行われるときにのみ妥当となる。この点については,

EU委員会が，2003年5月のアクションプラン（行動計画）[11]において，EU第2号指令に定められた資本維持システムの変更について，社員に対する配当の場合，貸借対照表に表示される自己資本が関連づけられるのではなく，いわゆる支払不能テスト（solvency test）を導入することが計画されている。しかし，現時点において，EU加盟国すべてに適用可能な適切なモデルがいつ開発されるかは予想することはできないとされている[12]。

(2) 税務決算書との連携（基準性原則）問題

個別決算書におけるIAS/IFRS適用の税務上の帰結もまた，目下のところ，論争中である。一部には，IAS/IFRSを適用して個別決算書を作成する場合にも基準性原則は存続するという見解が擁護される。たとえば，ジグロッホ（J.Sigloch）は，現在の税務決算書に対する規定はすでに商法決算書よりもIAS/IFRS基準の会計のほうがより近いものであり，客観化，過剰課税の回避の観点からすると，IAS/IFRS準拠の会計が成果作用的に処理される実現可能および実現利益要素を除去できるという税務上の利益計算の出発点を形成することを主張する。そうした見解に対して，ヘルチッヒ（N. Herzig）は，それが実質的な課税原則，とくに会計の客観性と矛盾しない限り，独立した税務決算書に対する規制の創設に際して，出発点としてIAS/IFRSに遡ることも可能とする。また，シュマーレンバッハ協会「外部会計報告」スタディグループは，既存の商法上の諸原則と結合し，かつ税目的，配当測定，債務超過の確定に資する「統一決算書（Einheitsabschluss）」を作成・開示することを提言する。スタディグループはさらに，連結決算書の作成義務のない企業についても，IAS/IFRS準拠の個別決算書の作成と開示を義務づけるべきとしている[13]。

連邦政府の見解によれば，独自の税務貸借対照表法の創設をつうじて税務決算書と商法決算書との連携をはずすことは，現時点では考えられていない。それは，破滅的なシステム転換を意味し，企業は要請される法遵守をつうじてきわめて強い負担が強いられる。ただし，連邦政府は，会社法上および税法上の問題が未解決であるにもかかわらず，個別決算書規定の国際化を完全には放棄

していない。BilReGの立法理由書において，2004年後半に，会計法現代化法（BilMoG）の策定が予定されているが，その立法計画はすでに「企業の清廉性および投資家保護のための連邦政府の措置一覧」いわゆる10項目プログラムにおいて予定されているところである。この措置一覧は，個別決算書に対して，時代に適合しない多くの選択権を廃止し，財産対象物と引当金の計上に関する一層の可能性の審査をつうじて商法典の整備と掃除を計画しており，その審査に当たって税務上の利益算定に対する影響もとくに考慮されなければならないとしている[14]。

(3) IAS/IFRS適用の個別決算書作成に対する経費問題

個別決算書にIAS/IFRSを適用する場合，決算書作成に対する追加的経費問題が発生する。この経費問題はIAS/IFRS準拠の個別決算書を作成する企業にとどまらない。IAS/IFRS準拠の個別決算書を作成しないが，IAS/IFRS連結決算書に組み入れられる被連結子企業の個別決算書は修正個別決算書（商事貸借対照表II）を作成するために計上および評価に対してコンツェルン・レベルでの統一的な枠組みのなかでIAS/IFRSに適応しなければならないからである。したがって，多くのコンツェルン企業は間接的にIAS/IFRSの影響を被る。個別決算書におけるオリジナルなIAS/IFRSへの満足ゆく適用は可能でないし，その状況はBilReGの施行後もまた引き続き存在する。たしかに，親企業の権利下にある計上選択権および評価選択権の新規の行使は，修正個別決算書（商事貸借対照表II）の作成過程において個別決算書（商事貸借対照表I）における行使と関係なく可能である。

親企業の権利のもとでコンツェルン企業に付与される選択権の新規の行使は，当該コンツェルン企業にとって，それゆえ，コンツェルンにとって総じて追加的費用をもたらす。そのため，コンツェルン・センターの目標は，IAS/IFRSに合致した修正個別決算書（商事貸借対照表II）を作成する際に発生する追加的費用をいかに削減するかにある。連結決算書作成の効率性を高めるためには，コンツェルン・センターは，コンツェルン・ガイドライン（会計

ハンドブック)の確定をつうじて,個別決算書がIAS/IFRSとできるだけ広範囲に合致する損益を導出するように個別決算書において既存の選択権を行使するよう努力する。したがって,与えられた可能性の範囲において商法上の会計基準にもIAS/IFRSにも合致する修正個別決算書(商事貸借対照表Ⅱ)が作成されなければならず,それは商法上の会計基準とIAS/IFRSという1つの規範体系において両立しない規制が存在しない限りにのみ可能となるとされる[15]。

第3節 将来のドイツ会計改革への進路

ドイツの会計制度は,BilReGの施行以後もあらたな改革に迫られている。その中心的課題の1つは,前節でみたように,IAS/IFRS適用に際して生じた連結決算書と個別決算書の二元化にもとづく会計機能と目的の多様化を整序し,商法会計規範と会社法,税法との安定的関係をどのように形成するかにある。

ペレンス等によれば,現在,存在する多様な会計報告義務を簡素化する目的で各方面から提起されている提案の内容は次の2点に集約される[16]。

(ⅰ) 利益配当測定の規制を新たに再考し,最終的に廃止するか,あるいはできる限り簡素化したIAS/IFRS決算書もしくは税務決算書との調整計算を繋ぎ合わせること

(ⅱ) 基準性原則を廃止し,税務上の利益算定を本来の税法(所得税法,法人税法等)のなかで独立させること

(ⅰ)について,ペレンス等は次のように指摘する。持分所有者(出資者)に対して配当可能金額の最高限度は,ドイツの株式法および有限会社法にもとづけば,これまで商法上の年度余剰から任意積立金を控除した金額を指向する。現在の法定配当限度額をまったく無視するならば,債権者はそのことにより彼に対し追加的に生ずる財産移転リスクを自身の信用収益のなかに含めることになる。配当上限に対する法規定が今後も必要であり,その限りで,配当上限規制がIAS/IFRS決算書の自己資本と結びつくか否かが問題であることがこれ

まで前提となっていた。それに代わって，配当上限がアメリカ合衆国で典型的な支払不能テストに結びつくか否かも議論されている。しかし，支払不能テストは算定される純資産を前提とするため，法的に独立した企業にとっては，配当可能な自己資本金額の算定が別途，必要となる[17]。

また，配当下限規制（株式法第58条）の解除は，傾向的にアメリカ的状況に相当することになる。そこでは，広い領域における利益配当は規制されておらず，自由な市場力に委ねられている。取引所上場企業に対する配当下限規制の解除は，株式市場が持分所有者の利害を指向しない配当政策に対する統制機能を引き受けるためほとんど考えられないだろう。取引所に非上場の企業にとっては，そうした統制機能は存在しないため，少数持分社員の利害保護のための規制が必要となる。考えられる解決提案としては，たとえば，フリー・キャッシュ・フローを指向する配当下限，税務会計利益への指向あるいはIAS/IFRS利益の利用が考えられ，必要に応じて未実現損益に対する配当抑制が考慮されなければならないだろうとする[18]。

（ii）については，ペレンス等は次のように述べている。従来の個別決算書のすべての機能を保持して，IAS/IFRS決算書に移行させるという意志があるなら，その場合，とくにIAS/IFRS決算書の税務上の利益算定に対する基準性が重要となる。この種の基準性はドイツにおいて頻繁に議論されてきた。IAS/IFRSの基準性に対する賛同者は情報提供目的に対して展開されてきたIAS/IFRSが税務上の利益算定に適合するのか否か，またはどの程度適合するのかについて議論する。場合によっては，たとえば，税支払に対する即時的損失補填や国家の財政補助といった税法の修正は調和をもたらすかもしれない。しかし，そうした極めて規範的な問題に対して応答するか否かに関係なく，IAS/IFRSの税務上の基準性は，別の理由からほとんど擁護されていない。一方で，IAS/IFRSの基準設定プロセスに対して税務上の基準性が遡及することは刺激的である。それはIAS/IFRSの解釈に対して広範囲に財務判決を受け入れさせることになる。最後に，EUのエンドースメント（承認）・メカニズムが存在するにもかかわらず，私的に開発されるIAS/IFRSが税務上の利益測

定基礎を規定するならば，形式法的要請もまた犯されることになる。こうした議論はまた，基本的に，IAS/IFRS会計から配当可能利益を算定することにも引き継がれることになる[19]。

ただし，ペレンス等は，IAS/IFRSが基準性原則という橋渡しがなくとも，税務上の利益算定に対して目的適合的であるという立場の存在にも注目している。EU委員会の2001年10月に示した，連結課税へのEU戦略に関する公式意見書[20]がそれである。EU委員会はすでに2001年において，企業課税の新戦略によって，EUにおけるボーダレスな企業活動が将来，連結された法人課税の算定基礎にもとづいて課税が行われる野心的目標を公式意見書として発表した。どのような計上基準，評価基準，連結基準がそこに関連づけられるべきかを問題とする場合，EU委員会はIAS/IFRSを「有効な基準点」として指示した。とはいえ，こうした計画は現実的には中期的に転換のチャンスを待たなければならず，その財政統治権を脅かすとする加盟国側の従来から存していた反抗の観点からすれば疑いも生ずるという[21]。

かくして，ペレンス等によると，今後のドイツ会計法の進展についての提案として，次の2点が要約しうるという[22]。また，その内容は，シュマーレンバッハ協会「外部会計」スタディグループの公式意見[23]としても公表されるところであるともいう。

（ⅰ）すべての商人に対して，商法もしくは税法のなかに，たとえば，収益税支払，利益配当，債務超過といった法目的が推論できるような会計報告システムを確立すること。その場合，個々の法目的が規制を可能とするか否か，どのような会計上の単位が区分されるのかについて検討すること。

（ⅱ）企業の組織構成に応じて個別決算書および／もしくは連結決算書に適用するかを明確化して，公表義務のあるすべての企業に対して，情報目的のためのIAS/IFRS決算書を追加的に規定すること。

ただし，ペレンス等の場合，こうした法展開について，次の点も指摘されている。それは中小規模の会社に対するIAS/IFRSの適用問題についてである。

ペレンス等は，IAS/IFRS に合致した会計報告情報の作成は多大な経費と結びつくために，将来的に，その経費が総合経済的観点から正当と考えられる企業に対してのみ，公開義務が付与されるべきであるという。資本市場指向企業，最終的にはその他の企業に対しても，大きな国民経済的意義を有するときそれがほぼ妥当するだろう。しかし，資本会社すべてに対して公開義務を付与することが適切かどうかは少なくとも疑いがある。将来，IAS/IFRS への適用準備はとくに中小規模の企業に対して明らかに増加するために，既存の IAS/IFRS の「中小規模適性」が問題となる。IASB 自体もこの「中小規模適性」に関するプロジェクトを発足させているが，この場合，IAS/IFRS の適用が多大な経費と結びつくことも問わなければならないという[24]。

また，ペレンス等によれば，法システムのダイナミズムの増加や継続的情報提供義務と並んで，会計基準と保持されるべき説明義務の間の複雑さの問題も生ずる。企業に対して，費用と便益を比較考量して，IAS/IFRS 会計報告と公開が規定されるのなら，そこで IAS/IFRS が中小規模の企業に対して別様に区分されるか否か，またそれはどの程度かが問われなければならない。IASB における現在の議論は，この関連では，会計の計上基準，評価基準，連結基準に向けられておらず，広範囲な附属説明書における記載に焦点づけられている。その結果，営業経過が中小規模企業の決算書において費用をもたらす一方，「正しい」決算書において財産価値を計上するということを調整するのは困難となっている[25]。

このように，ペレンス等も述べるように，今後のドイツ会計制度改革の動向は商法会計法と会社法，税法との連携問題に加えて，IAS/IFRS の会社規模別適用とそこにおける規制緩和との関連も視野に入れられることになろう。

おわりに

すでに述べたように，ドイツにおける個別決算書に対する IAS/IFRS 適用が投げかけた問題は，策定の予定される「会計法現代化法（BilMoG）」に委ねられている。そして，そこで解消の求められる諸課題は，本章でも考察したよ

うに，ドイツでは諸々論議され，問題の所在は明らかになっているといってよい。

したがって，問題解消のいかんは会計法現代化法の具体的策定内容にかかってくるが，現時点で，その概要も提示されていない。ただし，ドイツ会計基準委員会（DRSC）のドイツ基準設定審議会（DSR）が「会計法現代化法に対するドイツ基準設定審議会の提案」[26] を 2005 年 5 月 3 日付で公表している。しかし，この提案はあくまで（連結）会計基準の開発と連邦法務大臣への勧告を行う民間機関の，商法会計規範における個別規定の改正案の一覧表示を示したものにすぎない。提案の冒頭において，次のように記されている点からもそれは明らかである。

「立法者は，ドイツにおける会計の改革について複数の進路を決定し，会計法現代化法についてもまた基本的な構造改革を覚悟していないために，ドイツ基準設定審議会は年度決算書にも連結決算書にも該当する商法典の個別の改革提案を一覧としてとりまとめた。商法典第 342 条 1 項 2 号に従うと，ドイツ基準設定審議会の審議任務が重要であり，連邦法務大臣は政府草案の公開審議を実施することになるため，本提案についてデュープロセスは存在しない。」[27]

ただし，ドイツ基準設定審議会の提案はドイツ会計法の現代化に対して，①年度決算書と連結決算書の比較可能性の改善のため法律上の選択権を会計政策の余地を制限する，②国際的展開に対する商事会計法を一層，適合させるという目標設定，ならびに③企業に対する税務中立性，④個別決算書と連結決算書に対する計上および評価規定の統一化という前提にたって，A. 商法典（HGB）の短期的に転換可能な改革提案だけでなく，B. 税法上および会社法上の帰結を伴う改革提案，C. 商法上の正規の簿記の諸原則（GoB）に対する帰結をともなう改革提案，D. 改革提案に EU 会計指令の必要な変更点という構成によって，商法上の基軸概念，一般条項（一般規範）たる正規の簿記の諸原則も含めて，既存のドイツの会計法体系のあり方への抜本的改正内容を含んでいる[28]。したがって，今後，連邦法務省がこのドイツ基準設定審議会の提案を受けて，

どのような法案を作成し合意形成を図るかが，ドイツにとっても，また同じ問題を抱える我が国にとっても極めて重要な関心事になっているといえよう。

注
(1) Bundesgesetzblatt [2004].
(2) 内容の詳細については，佐藤誠二 [2005] を参照。
(3) Karl Ernst Knorr [2004], S. 95.
(4) Marten/Weiser [2004], S. 50.
(5) BilReG による商法改正の内容ならびにその改正後の課題については，佐藤誠二 [2005] を参照。
(6) Pellens/Fülbier/Gassen [2004], S. 13.
(7) Ebenda, S. 866.　(8) Ebenda, S. 867.　(9) Brecker, N. [2004], S. 5.
(10) Karl Ernst Knorr [2004], S. 80.
(11) Vgl., Kommission der EU [2003]
(12) Brecker, N. [2004], S. 6-7.　(13) Ebenda, S. 7.　(14) Ebenda, S. 7-8.
(15) Marten/Weiser [2004], S. 38.
(16) Pellens/Fülbier/Gassen [2004], S. 367.
(17) Ebenda, S. 867.　(18) Ebenda, S. 867.　(19) Ebenda, S. 868.
(20) Vgl., Kommission der EU [2001].
(21) Pellens/Fülbier/Gassen [2004], S. 868.
(22) Ebenda, S. 868.
(23) Vgl., Arbeitskreis Externeunternehmensrechnung der Schmalenbach Gesellschaft für Betriebswirtschaftslehre e.V. [2004], http://www.akeu.de/.
(24) Pellens/Fülbier/Gassen [2004], S. 869.
(25) Ebenda, S. 870.　(26) Vgl., DSR [2005].　(27) Ebenda, S. 1.
(28) Ebenda, S. 1-2.

参 考 文 献

Arbeitskreis Externeunternehmensrechnung der Schmalenbach Gesellschaft für Betriebswirtschaftslehre e.V. [2004], Präsentation im Rahmen der offentlichen Sitzung auf dem 57. Deutschen Betriebswirtschafter-Tag am 25. 09. 2003 in Berlin, http://www.akeu.de/, Stand: 10. 12. 2006.

Brecker, N. [2004], Änderungsmöglichkeiten der deutschen Rechnungslegung durch die geplannte Bilanzrechtsmodernisierung, in: Carl-Christian Freidank (Hrsg.), Reform der Rechnungslegung und Corporate Governance in Deutschland und Europa, Wiesbaden 2004, S. 1-29.

Bundesgesetzblatt [2004], Gesetz zur Einfürung internationaler Rechnungslegungsstandards und zur Sicherung der Qualität der Abschlussprüfung (Bilanz-

rechtreformgesetzes-BilReG) vom 04. 12. 2004, Teil Ⅰ, No. 65, S. 3166-3182.
DSR [2005], Vorschläge des DSR zum Bilanzrechtsmodernisierungsgesetz, 03. 05. 2005, S. 1-43.
Karl Ernst Knorr [2004], Über der Regelungen der EU-Verordnung sowie der Modernisierung- und Fair-Value-Richtlinie in deutsches Recht, in: Carl-Christian Freidank (Hrsg.), Reform der Rechnungslegung und Corporate Governance in Deutschland und Europa, Wiesbaden 2004, S. 69-100.
Kommission der EU [2001], Eine Binnenmarkt ohne steuerliche Hinderung, Strategie zur Schaffung einer konsolidierten Körperschaftsteuer Bemessungsgrundlage für die grenzüberschreitende Unternehmenstätigkeit in der EU, KOM (2001) 582.
Kommission der EU [2003], Communication from the Commission to the Council and the European Parliament: Modernizing Company Law and Enhancing Corporate Governance in the European Union. A plan to Move Forward, COM (2003) 284.
Marten/Weiser [2004], Neuorientierung der Bilanzpolitik für den Einzelabschluss, in: Carl-Christian Freidank (Hrsg.), Reform der Rechnungslegung und Corporate Governance in Deutschland und Europa, Wiesbaden 2004, S. 29-68.
Pellens/Fülbier/Gassen [2004], Internationale Rechnungslegung, 5. Aufl., Stuttgart 2004.
佐藤誠二 [2005]「ドイツ会計改革の進展と 2005 年以後の課題 – 会計法改革法と会計統制法を中心として-」『會計』森山書店, 第 167 巻 6 号, 2005 年, 32-47 頁。

(佐藤　誠二)

索　引

あ行

IAS 承認命令 ·······························17
IAS 適用命令 ···3, 16, 43, 67, 76, 145, 171
IASB の概念フレームワーク ············80
IASB-IFRS ································44
IAS/IFRS との同等性評価·················3
IAS/IFRS の適用条件の差別化 ········48
IAS/IFRS の法的側面······················67
アングロサクソン的思考···················93

EC の 4 つの法行為に対する
　ドイツ会計法の適応·····················40
一般条項 ···································183
EU 委員会 ·················9, 69, 100, 109
EU 議会 ····································67
EU 公報 ····································82
EU 指令の現代化 ··························12
EU の会計戦略 ····························72
EU の会計戦略：将来の進路 ···8, 12, 149
EU の公益の確保 ·························68
EU-IFRS ···································44

HGB 第三編の体系的な法的構成 ······62
エクイティ・ファイナンス ············4, 7
NASDAQ ···························10, 69
FASP·····································146
エンドースメント ···············2, 24, 67
エンドースメント・メカニズム········44
エンフォースメント ···2, 24, 41, 55, 157

エンフォースメント原則···············108
エンフォースメント・メカニズム ···117
エンロンの不正事件·······················58

OECD コーポレート・ガバナンス原則
　··98
欧州財務報告諮問グループ ·········45, 80
欧州裁判所·································85
欧州順法性監視機関協調会議 ···121, 123
欧州証券規制当局委員会（CESR）······3,
　58, 108, 154
欧州の IAS ································24
欧州パス····································13

か行

会計エンフォースメント ···············126
会計・企業スキャンダル ···············100
会計基準のコンバージェンス ···1, 8, 67
会計規制委員会 ····················80, 162
会計言語の混乱····························61
会計検査機関 ······················106, 126
会計国際化に関する法律案·············22
会計指令法··································7
会計責任機能ꞏ····························173
会計統制法（BilKoG）······2, 37, 107, 125
会計 2007 年問題 ···························1
会計 2009 年問題 ···························1
会計の言明能力····························23
会計法改革法（BilReG）······2, 8, 37, 171
会計法現代化法（BilMoG）···31, 43, 171,

182
会計目的の差別化…………………63
開示法 ………………………………173
解釈指針書…………………………73
会社法上の保障システム ……………176
「外部会計報告」スタディグループ…177
開放条項……………………………32
確定決算主義 ………………………3
株式法 …………………………126, 173
株式法施行法 ………………………173
加盟国選択権………………………15

企業会計基準委員会（ASBJ） ………162
企業不正事件………………………56
企業領域統制・透明化法 …………8, 37
技術的助言書 ………………………158
基準性原則 ………………20, 27, 177
規制緩和 ……………………………182
規模依存的免責……………………29
規模基準値修正指令 ……………31, 171
キャッシュ・フロー計算書…………25
共同体法の解釈……………………88
金融サービス監督法 ……………126, 173
金融サービス：金融市場大綱の転換：
　行動計画 ……………………8, 149
金融サービス：行動大綱の策定………10
金融サービス政策グループ（FSGP）
　…………………………………10, 70
金融資産……………………………14
金融負債……………………………14

グローバル化した会計制度 ……………5

経済監査士会議 …………………129

計上・評価選択権 ………………171
決算書監査人の業務………………54
決算書監査人の独立性の強化 ……41, 50
現代化指令 …………………………15, 171

公開会社会計監視委員会 ………53, 140
公正価値指令 ……………………14, 171
国際会計基準委員会………………68
国際財務報告解釈委員会（IFRIC）…84, 114
国際資本市場………………………69
国際的会計基準……………………76
国際的に認められた会計原則 ……20, 28
個別決算書 ………………………23, 30
個別決算書と連結決算書の二元主義
　……………………………………174
コーポレート・ガバナンス…………37
コーポレート・ガバナンス改革 ……97, 104
コーポレート・ガバナンス規範 ……54, 100
コーポレート・ガバナンス規範委員会
　…………………………………104
コーポレート・ガバナンス行動計画…97
コーポレート・ガバナンス情報 ……103
コーポレート・ガバナンス政府委員会
　…………………………………104
コーポレート・ガバナンス・フォーラム
　…………………………………101
コミトロジー ……………18, 74, 80
コンサルティング業務………………54

さ行

債権者保護…………………………50

索　引　189

最善慣行 …………………………109
裁判所の決定権限…………………87
債務超過測定 ……………………174
財務報告検査機関 ……………104, 132
財務報告の信頼性…………………56
財務報告の目的適合性……………38
サーベインス・オクスリー法 ………53, 126, 140
サンプリング・アプローチ ………112

CESR「諮問書」…………………109
自己資本の表示……………………23
市場濫用指令 ……………………145
システム的解釈……………………89
実現原則 …………………………176
10項目プログラム・措置一覧…107, 123
実質的諸関係に合致した写像……15
支払不能テスト …………50, 177, 180
四半期報告…………………………19
私法的に組織された機関…………127
資本維持の原則……………………50
資本市場指向企業 …………97, 125, 137
資本市場指向の会計統合戦略………2
資本調達容易化法………………8, 37
修正個別決算書（商事貸借対照表Ⅱ）
　……………………………………178
重要性………………………………77
遵守かもしくは説明（comply or explain）
　……………………………………102, 105
（順法性）監視機関（Enforcers）……110
上級裁判所 ……………………131, 135
状況報告書 ………………………171
証券取引委員会……………………58
証券取引法 ………………………126

少数持分社員 ……………………180
承認IFRS…………………………118
商人の基本法………………………28
承認メカニズム……………………67
商法会計規範システム……………38
情報提供機能 ……………………173
商法典施行法 ……………………173
所得税法第5条 ……………………85

ステークホルダー…………………79
ストックオプションの費用計上 ……158

正規の簿記の諸原則 ………128, 130, 183
税法目的 …………………………173
税務会計と商法会計の分離………50
税務中立性 ………………………183
セグメント報告書…………………25
先決的判決…………………………85

早期通知メカニズム ……………157

た行

第1財務情報基準 ……………108, 117
第2財務情報基準 ……………108, 120
第2のEU法…………………………91
第三国会計基準 …………………146
ダイムラー・ベンツ………………37
多言語性の原則……………………88
単一通貨ユーロ……………………69

中小規模適性 ……………………182
調整計算表 ……………………31, 156
調達価値原則 ……………………176

追加開示 ……………………156, 160

定量的情報 ………………………160
適法性の観点……………………84
デファクト・スタンダード ……………4
デュープロセス…………………81

ドイツ会計基準委員会 ………8, 20, 45
ドイツ会計検査機関 ………………136
ドイツ株式協会 …………109, 115, 133
ドイツ基準設定審議会………………20
ドイツ基本法による連邦の立法権限…61
ドイツ経済監査士協会（IDW） ……175
ドイツコーポレート・ガバナンス規範
…………………………………104
ドイツ商法準拠の決算書 ……………7
ドイツの金融拠点としての地位………56
ドイツ連結会計基準 …………………138
統一決算書 ………………………177
統一的な連邦法の規準………………61
同一人による監査の禁止……………54
同等性に関する技術的助言 …………155
同等性評価 ………………………146
同等性評価に関する概念書 …………154
透明化・開示法 …………………22, 105
透明性指令 ……………3, 19, 145, 152
登録フォーミュラ制度………………18
特別目的会計 ……………………158
取引所上場企業…………………69

な行

二元的な会計目的観………………63
二重開示の問題 ……………………7
二重の決算書作成 …………………176

2段階エンフォースメント方式 …58, 107
ニューヨーク証券取引所 …………10, 69
任意積立金 ………………………179

年次財務報告書 …………………152

は行

配当下限規制 ……………………180
配当可能利益………………………24
配当制限……………………………27
パーチェス法………………………26
半期財務報告書 ………………19, 152

比較可能性…………………………77
非公式の透明性指令 ……………148, 153
非上場企業…………………………72

フィードバック報告書 …………108, 120
負債証券……………………………149
附属説明書…………………………171
プーリング法………………………26
プロフォーマ ………………158, 161

ベンチマーク………………………161

包括的・混成的な商法会計規範システム
…………………………………63
法的安定性…………………………73
補完計算書 ………………156, 161
補完措置 …………………………156
本国基準の採用 ……………………145

ま行

マクロ経済レベル…………………79

マーストリヒト条約 …………………9

無作為の抽出検査 ……………128, 134

目的論的解釈…………………………89
目論見書 ……………………………111
目論見書指令 …………3, 17, 145, 150
目論見書指令履行命令 ……………150
持分プーリング法 …………………158

や行

有価証券監督局 ……………………150
有価証券取引法 ……………………173
有限会社法 …………………………173

ヨーロッパ主権的解釈………………89

ら行

ラムファルシー報告書………………18

理解可能性……………………………77
利害関係者……………………………79
リスクベース・アプローチ ………112
リスク報告書…………………………25
立法愛国主義…………………………62
立法手続きの4段階アプローチ ……146

歴史的財務情報 ……………………151
連結課税 ……………………………181
連結決算書 ……………………23, 29
連邦金融監督庁（BaFin）………41, 58, 85, 90, 106, 124
連邦財政裁判所 …………………24, 91
連邦政府の10項目プログラム ………41
連邦通常裁判所………………………91
連邦電子官報 ………………………130
連邦法務省……………………………28

ローテーション・アプローチ ………112
ロードマップ ………………………162

編著者略歴

　　　佐藤　誠二（さとう　せいじ）
1953年　宇都宮市に生まれる
1984年　明治大学大学院商学研究科博士課程単位取得
現　在　静岡大学人文学部教授，博士（経営学・明治大学）

EU・ドイツの会計制度改革

2007年10月25日　初版第1刷発行

　編著者　ⒸC佐　藤　誠　二
　発行者　　菅　田　直　文
　発行所　有限会社　森山書店　東京都千代田区神田錦町
　　　　　　　　　　　　　　　1-10林ビル（〒101-0054）
　　　　TEL 03-3293-7061 FAX 03-3293-7063　振替口座 00180-9-32919

落丁・乱丁本はお取りかえします　　　　印刷／製本・シナノ
　　　　　本書の内容の一部あるいは全部を無断で複写複製する
　　　　　ことは，著作権および出版社の権利の侵害となります
　　　　　ので，その場合は予め小社あて許諾を求めてください。
　　　　　　　　　ISBN 978-4-8394-2052-9